現代意訳　大般涅槃経

現代意訳　大般涅槃経

原田霊道

書肆心水

目次　現代意訳　大般涅槃経

第十七　解脱道の十徳〈高貴徳王菩薩品〉　184

復刻版凡例

一、本書は原田霊道著『大般涅槃経』（一九二二年、仏教経典叢書刊行会）の復刻版である。新しく版を組むにあたって左記のように表記を現代化した。

一、新漢字（原則標準字体）、新仮名遣いで表記した。

一、送り仮名と句読点を現代風に加減した。

一、踊り字は「々」のみを使用した。

一、現今平仮名表記のほうが一般的なものを平仮名表記に置き換えた。

一、読み仮名ルビを補ったり省いたりしたところがある。諦か（つまびらか・あきらか）在す（います・まします）傷る（やぶる・きずつける）のように何通りか読みがありうるものには読み仮名ルビはつけていない。

一、本文節見出しの節番号は省いた。

一、本書刊行所による注記は〔　〕で示した。

一、正誤を判断しかねる箇所などに「ママ」のルビを附した。

一、「仏陁」は「仏陀」に、「純陁」は「純陀」に置き換えて表記統一し、伴って他の「だ」と読まれるべき「陁」も「陀」に置き換えて表記統一した。

現代意訳　大般涅槃経

凡　例

一、涅槃経は多くの大乗経典が、云わんとして云い能わなかった一切生類悉皆成仏の旨を明らかにして、総ての大乗経典に理論的根拠を与えた経典である。従ってその中には種々の問題が取扱われてあるが、中心は「仏性の普遍」と「仏身の常住」との思想である。故にこれに関する概念を得るために、解説の下に、中心思想に関聯する二、三の事項を述べることにした。

一、本書は三十六巻二十五品の「南本涅槃経」に拠って、本経の結構そのままに、各章品から根本の思想に直接する処のみを抄訳した。元来、本経は漸次に発達し来たった涅槃文学を網羅して、それを組織大成した三万六千言と云わるる浩瀚なものであるから、到底、本書の如き小冊に尽さるべくもない。故に重要の章品のみを抄訳せんかとも思ったが、各章品に、蒐集された材料、発達の跡の見るべきものがあるので、これ等の事項を顧慮しつつ全章に亘ることにした。

一、「後分涅槃経」は釈尊の入滅および滅後の事を叙べて、未完の本経を補う処があるので、巻末に附加すべきを、止むなく割愛したことを遺憾に思う。

一、極めて大胆な抄訳をなした上に、訳語も甚だ蕪雑で、ただ徒に聖典の尊厳を冒瀆するのみに終ったことを、衷心から慚愧している。

本書について文学博士椎尾弁匡先生が種々御指導下さったことを謹んで感謝する。

大正十一年十月

原田霊道識

解説

一

涅槃経は、釈尊の最後説法の形式を以て、仏陀の何たるかを叙述した経典である。即ち入滅を首題として、仏教の最高理想である仏陀の境地、即ち涅槃の内容を闡明するものである。

釈尊の五十年の伝道生活は最も力強く釈尊の仏陀たることを語るもので、教徒は何等の説明を待つことなしに、仏陀の実在とその永遠の生命とを信じて疑わなかった。然るに今や入滅の時に臨んで、釈尊自身には最も有意義に過ごし得た生涯の行蹟に対して、無限の感謝と喜びを覚えるのみで、死は何等意とする処ではなかった。唯だ静かに安らかに時の流れのみが移り行くのであった。しかし常住たるべき仏陀の死滅を眼前に見ては教徒たるものは誰でも、永別の悲歎と共に、「老病死を脱して不死永生を得た」と常に宣言された教説に不審を抱いて、その信仰に動揺を覚ゆることであろう。この人情の機微に逗《とう》じて、真に仏陀の永遠不滅なることを知らしめ、そして不動の信念を確立させようとするのが本経典開説（成立）の眼目である。すなわち釈尊が肉体の死滅を眼前に、しかも仏陀の真生命は、永劫に全生類の中に生きて、滅することがないと説かるる最後の大獅子吼が本経典である。故に本経典は釈尊最後の教説として一代の教説を約説するものとせらるる。

元来、釈尊の般涅槃《はつねはん》（Parinibbuta）即ち仏陀の生活は三十五歳の正覚成就《さとりをひらいた》の際に始まるもので、入滅に際する新しい問題ではない。しかし涅槃の境地を表現するには仏陀入滅の事実を中心とする時、最もよく仏身の常住なることを徹底せしめることが出来る。本経に限らず大乗の経典は皆釈尊の生涯における或る事項を中心として、仏陀の内容の全体を表現せんとするものである。即ち「華厳経」は釈尊の成道を中心とし、「法華経」は説法教化を首題とし、「浄土経」は救済慈悲を中心としている。本経もまた、この大乗経典成立の本義に基いて、釈尊の入滅を中心として、仏陀の内容を観察せんとするものである。

本経はかくの如く釈尊の常恒不滅なることを現さんとするにあれば、その一貫せる思想は法身の常住と仏性の普遍とである。この如来常住、仏性普遍の妙義こそ涅槃の実在を語るもので、この間に仏教の最高理想の涅槃の風光は看取せらるる。

二

釈尊の入滅を首題とする経典、所謂涅槃部に属せらるる経典の支那に翻訳せられた最初は、後漢の頃、支婁迦讖《しるかしん》（西紀一四七―一八六）が「胡般泥洹経《こはつないおんきょう》」を訳出した時である。次いで魏の安法賢（二二〇―二六五）、呉の支謙（二二三―二五三）など訳出する所があったが、これ等は現在伝わっていない。経典の目録に依れば、この他になお二十余種を数え得るが、現に存するものは左の十一種である。

小乗涅槃経――小乗教意に立脚せるもの

一、仏般泥洹経　二巻（西晋）　白法祖
二、大般涅槃経　三巻（東晋）　法　顕
三、般泥洹経　二巻　訳者不明
四、遊行経　一巻（姚秦）　仏陀耶舎、竺仏念
五、仏遺教経　一巻（姚秦）　鳩摩羅什

大乗涅槃経――大乗教意に立脚せるもの

六、方等般泥洹経　二巻（西晋）　竺法護
七、大般泥洹経　六巻（東晋）　法顕、覚賢

八、大般涅槃経　四十巻（北涼）　曇無讖
九、四童子三昧経　三巻（隋）　闍那崛多
十、大悲経　五巻（斉）　那連提耶舎、法智
十一、大般涅槃経後分　二巻（唐）　若那跋陀羅、会寧

右の中、「一」「二」「三」は「四」の異訳、「六」は「九」の同本異訳とせらるる。「八」の曇無讖《どんむしん》の訳本が最も重要なもので、全訳に近く、「七」の法顕等の訳本はその初めの十七章を訳出せるもの、「十一」の会寧等の訳本はその残欠を補えるものとされてある。

法顕の訳本は「六巻泥洹」と称せられ、自ら全インドを周遊して得た梵本に依って、東晋義熙十三年（四一四）に覚賢と共に金陵道場寺において業を始め、翌年訳了したものである。

曇無讖（Dharmaraksa――中インドの人）の訳本はその献身的求法の熱心によって伝えられたもので、河西王蒙遜の保護の下に玄始三年（四一四）に訳を始め、前後七年を費して同十年（四二一）に了った。曇無讖はその全訳ならざるを慨いて、自らその残欠を捜索せんとして、途に蒙遜のために害せられた（齢、四十九、――北涼義和三年（四三三））。この本は「大本涅槃」と略称せらるる。曇無讖の死後、間なく南方に伝わり、訳後十年、慧観、慧厳《えごん》、謝霊運等は法顕本と対照して校訂修治を加えて、「大本涅槃」の四十巻十三章を、三十六巻二十五章とした。これが「南本涅槃」で、これに対して大本を「北本涅槃」と云う。

「後分涅槃」はその後、二百五十年を経て、唐の会寧《かいねい》が入竺中、訶凌国《がりょうこく》の人若那跋陀羅（Jñānabhara）と共に訳出した上下二巻で、「大本涅槃」の最後憍陳如品の余と遺教品、還源品、荼毘品、廓潤品の四品より成る。

西蔵一切経においては経蔵《カンジュール》第六大部が即ち大般涅槃部 Myarg-hdas であって、両大帙に亘る尨然たる大部である。漢訳との対照は未だ精細に研究されて居らぬが、大体は両者一致する様である。

涅槃経の梵文は今逸して伝わらぬ。梵文インド先哲の著書中にも引用されて居らぬ。ために一時はその存在すら疑われた。しかし幸いにも現時この断片がようやく発見された一枚はドリトル・スタインが于闐《うてん》で発見したもので、他の一葉は日本でしかも弘法大師伝来の由緒がある珍品で、吾が高楠博士が発見されたものである。この二葉は本巻の口絵として出してある〔次ページに掲載〕。何れも支那隋已前の筆蹟である。

三

「大本涅槃」と、その修訂本である「南本涅槃」とが章品巻数の相異なるのは「六巻泥洹」に倣って大本の第一「寿命品」を序品以下の四品に分かち、第四「如来性品」を第七「四相品」以下の十品に分章したからである。

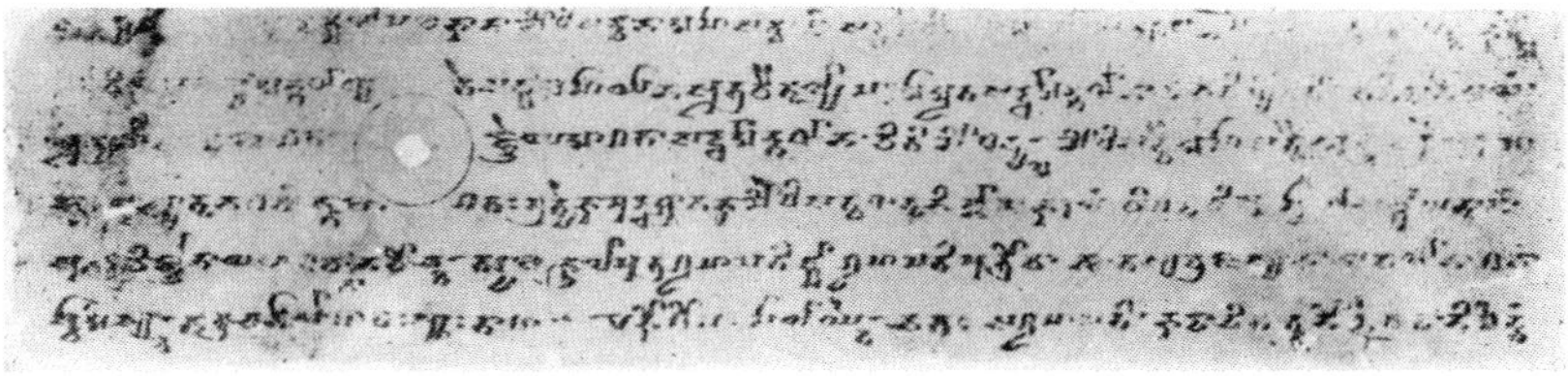

スタイン氏于闐発見大涅槃涅槃経原文断見（ヘルンル氏仏典遺佚断片所載）

大涅槃経亦復如是、為於南方諸菩薩故、当広流布、降注法雨、弥満其処、正法欲滅、当至罽賓、具足無欠、潜没地中或有信者或不信者、如是大乗方等経典、甘露法味、悉没於地、是経滅已一切諸余大乗経典皆悉滅没（下略）……（曇無讖訳如来性品）

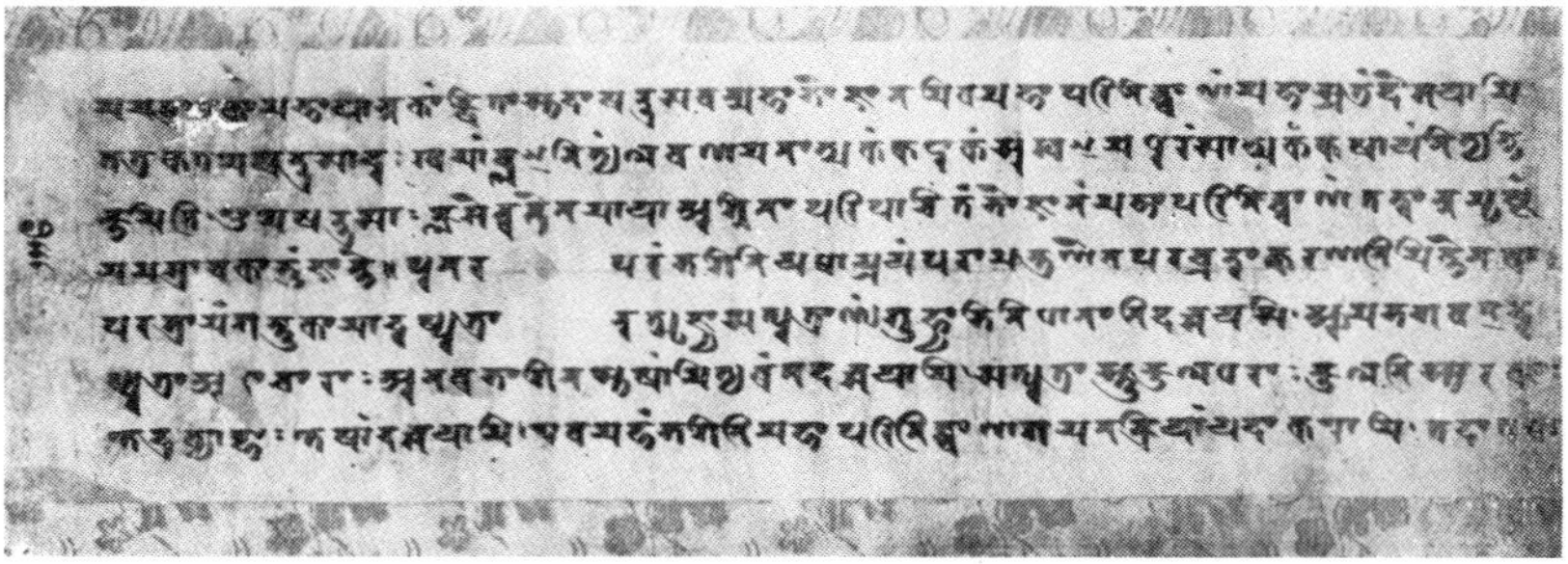

この紙本梵文一葉は実に弘法大師の請来する所にして大涅槃経原文としては于闐発見の一葉と共に梵文学上唯一の至宝なり。高野山に秘蔵せらるる久しく人此世界無二の珍什あるを知らず、去歳帝国大学教授高楠順次郎氏高野の古文書を調査するの際これを発見せらる。真に卓功というべし。今ここに教授の寛大なる聴許を得て原文半部を初めて世に公にするは、編者の光栄とする所なり。

この経典の梗概については、各章の題目、およびその下の分節によって、その概要を知り得るようい ささか意を用いたから、それに譲ってここには繁を避けて各章の梗概は差し控える。本経全体の分科に ついては早くインドにおいて世親によってなされた七分科に端を発して、支那においては本経講学の隆盛と共に、河西の道朗（東晋の人）、智蔵（四五八―五二二）、曇済（四一一―四七五）僧亮など十余家が各々独自の見識を以て、種々の分段を試みて経意の闡明に尽されたが、章安尊者灌頂（五六一―六六二）の五分科が最も要領を得ているように思わるるから、それに依って一経を概観することにしよう。

灌頂は一経二十五品を五段に分けた。即ち第一段は本経の開説のために十方の聖者を始め、僧俗、鬼神、鳥獣、虫魚に至るまで、宇宙の万有万霊が娑羅林に集い来ることを明らかにする序品である。本書の第一「釈尊の入滅」はこれに当る。

第二段は第二「純陀品」より第十七「大衆所問品」に至る十六章を一括し、広く涅槃の内容を説くものとせらるる。これ「六巻泥洹」の第二章以下を総て摂めるので、大乗涅槃の説かんとする理想の概要はほとんど尽されてある。本書の第二「最後の供養者純陀」より第十三「大衆の質疑」までは、この段落の抄訳である。

第三段は涅槃を体現する即ち最高の理想に到達する方法、即ち解脱道を明らかにせる所、ここに病行、聖行、梵行、天行、嬰児行の五行と、その十種の力用とが述べられてある。経の第十八「現病品」より、第二十二「高貴徳王品」に至る五品、本書の第十四「釈尊の疾病」より第十七「解脱道の十徳」

までほこれに属する。

第四段は仏性の常住と普遍とを更に縦論横説して、涅槃の意義を闡明する所で第二十三「獅子吼品」がそれである。本書の第十八「仏性の普遍と常住」がこれに当る。

第五段は第二十四「迦葉菩薩品」と第二十五「憍陳如品」との二品を充つるので、ここには涅槃の風光、無礙自在の力用が説かれてある。本書の第十九「涅槃の風光」と第二十「外教徒の入団」とは正しくそれである。

「後分涅槃経」は本書に収むることが出来なかったが、この経には本経「憍陳如品」の残余と釈尊の遺訓、入滅の状況、滅後火葬の事情その他を叙してある。説相が甚しく小乗涅槃に類する所から、義浄(六三五—七三)の如きこれを大乗に属するを非とするものもあるが、中に法身常住と云い、二乗の知る所でないと云うが如き文勢から見て、「大乗涅槃経」の残欠を補うものであろう。

四

本経の中心思想はその名の示す如く涅槃そのものである。従ってこれを根底とし本体とする法身、如来、および法身、如来の隠れたる相である仏性はまた本経の主要問題である。故にこれ等の事項に関する大要を予め説明しおくことは、本文の理解を容易ならしむるに幾分の資助とならんかと、以下これについて少しく述べることにしよう。

涅槃とはまた、泥洹《ないおん》とも云い、梵語 nirvāna, nibbāna の音訳で、滅度、円寂、寂滅、解脱などと訳されているが、元来、涅槃は本経所説の義理をことごとく包含するを要するから、適当の訳語はないと云わねばならぬ。本経が支那に訳された当初に、これを訳するの可否について争われた所以はここにある。正確の訳語ではないがこれ等が涅槃の何物なるかを髣髴させることは出来る。涅槃とは一般に理解されている所は、滅の意味で、吹き消す（nirva）の語から来たと云われている。釈尊も涅槃とは「貪瞋痴の滅なり」、「無明の滅なり」としばしば説明されているが、これは涅槃の消極的方面で、涅槃の全部ではない。涅槃の消極的方面は確かに無明煩悩の断尽した当体であるが、煩悩我執の滅尽すると同時に、新しい積極的の力、新しい活動力の賦与さるることは拒むことの出来ぬ事実である。本経の明らかにせんとする所はこの積極的方面である。涅槃の属性として吾人の最高理想の常楽我浄を説かるる如き、全くそれである。積極的活動を闡明せんとするも、その積極力は絶対的のものであるから、積極的に言い表わすことが出来ぬ。従って止むなく消極的否定法によってその絶対なること現わしつつその積極的方面を明かさねばならないのである。これ本経が積極的方面を闡明することを眼目としながら、形式の上に偉大な表現を見ない所以である。離言絶対のものを表わすには否定的表現法を用いるの外はない。故にそこに現された涅槃の実性なるものは極めて消極的であるが、この経典に依ってもたらさるる信仰には実に偉大なものがある。

かく涅槃の語は一般に考えるが如き消極的の意味のみでなく、むしろその否定は更に大なる力を肯定せんがための否定で、否定が涅槃の本義ではない。涅槃の語が単に「吹き消す」の意味ばかりでなく、最高の存在を表わすものであると云うことは、単に大乗涅槃経においてのみ説く処でなく、原始仏教の研究によって仏陀時代にも涅槃を絶対安穏、最高楽、清涼など云われたことが明らかにされてある。

この涅槃は迷妄我執の滅尽の当体と云うも、本来常住のもので、智に因って作らるるものでなく、原因の結果としてでもない。所謂因果を超越した絶対常恒の存在である。修道によって常楽我浄の四徳が現わるると云うも、それは万有に対する価値観の顚倒を滅尽して、万有の真相を究明した時に現わるる、本有の存在である。小乗教は外道の有我論に反対するために無常、苦、空、無我を仏教の正義として、涅槃は我執我欲を絶滅した状態であると説いているが、この説は仏教の本義ではない。無我と云い、空と云うは真実義を開顕する一過程で、釈尊の真意は万有否定の上に現わるる、真実相を知らしむるにあった。小乗教徒はその真意に徹せず、却って無我、無常、空を固執するに至った。この妄見を打破して実我実在を説くのが大乗の涅槃説である。故に常楽我浄と云うも、外道のそれとは全然異なるもので、相対的の無我、我、無常、常、空、不空等を超越した絶対の常、楽、我、浄である。絶対は離言のものであるが、しばらく名を立てて大我、大常、大楽、大浄と云う。大は絶対を表わすのである。本経は積極的方面を力説するもそれが離言絶対であることを現わすに多大の努力を費して居る。非有非無、非常非無常、非楽非苦などを繰り返すは全く相対的観察を排斥するものである。故に我執、我欲を滅尽した当体の積極力と云うも、その滅尽の上に現わるると、その間に因果的関係を認むるは、真に涅槃の妙境に徹するものでない。

かく吾人の認識し思慮するものはたとい無我、空、無常を超越する常、我、浄、楽と云うもすでに相対的なるを免れない。実に涅槃の境は認識の世界でなく、体験の境である。故に本経には一の説明を終る毎に二乗の知る処でない、凡人のうかがう処でない、ただ聖者の体験を待つのみと繰り返してある。

五

涅槃は我執我欲の束縛を脱した当体の積極的方面であるから、解脱とも訳された程で、解脱は涅槃の一面を語るものである。故にしばしば解脱なる言葉で涅槃が説明されてある。涅槃は確かに束縛の打破、輪廻の解脱であるが、そは消極的方面で真に涅槃の何ものたるかを明らかにするものでない。故に本経には解脱を説くに慧解脱、心解脱、讃嘆解脱と説いて、その単なる束縛の打破でないことを表わしてある。慧解脱とは智的解脱で、真実智によって無我、無常の何たるかを解すること、心解脱は情意生活の解脱即ち無我の実際生活を行うことである。讃嘆解脱とは前の二解脱を完うせる境地、即ち智的と情意生活との完全な解脱である。その実際的行為が真理に相応して正しくても、その真理に相応する所以を知らなければ心解脱は完うするも慧解脱ではない。これに反して無常、無我の何なるかを知るも、無我の実際生活をなし能わぬものは慧解脱と云い得るも、心解脱とは云われない。この両者を倶に解脱して教化の大用を現わすのが讃嘆解脱である。かくひとしく解脱と云うもその内容に浅深精粗がある。故に解脱を倶解脱の意味に体解する時、始めて解脱が涅槃の真義に契《あ》うものである。

経には大乗の解脱と小乗の解脱とを挙げて、小乗教においてはこの肉体をも否定（解脱）すべしと云うも、我が大乗の涅槃には肉体の存在を認むると説いてある。これ大乗の解脱が断滅論でないことを明かすもので、肉体の存否は問題でない。小乗教にあっては涅槃に有余涅槃――一切の繫縛を脱するも現身の残り居るものと、無余涅槃――その肉体も死滅に帰したものとを分けて、無余涅槃を主張するも、大乗教には肉体の存否は問題でないから、もしこの解脱の二形式を認むるとすれば有余涅槃を重んずるものである。

積極的仏陀観を力説する本経は法身常住説に外ならぬ。これ本経の標幟として法身の常住を挙げる所以である。法身常住とは真理の体現者の常住なることで、釈尊の肉体はたとい提跋河畔の煙と化するも、真理の体現者としての釈尊は永劫に変化することのない常住体である。故に釈尊の出世、入滅は敢えて問う処でない。これ本経に釈尊の生涯の行蹟を化現として取扱う所以である。本経に法身を説くに五分法身を挙げて、戒、定、慧、解脱、解脱智見を説くは、全く仏陀を真理の体現者としてその常住を明したものである。五分法身とは戒定慧の三学を修して一切の迷妄を脱却する慧解脱と心解脱とを完全する自覚覚他円満の法身である。前に述べた倶解脱は正しくこの解脱智見である。この五分成就の力、自覚覚他の活動、迷妄否定の上に現わるる積極的本有の力の存続は無限に拡大され、向上して滅することはない。これを法身の常住と云う。

真理の体現者としての釈尊の常住は、やがてまた道を求めて止まざる吾人の常住である。自ら道を求めて真理に相応する時、そこに永遠の生命、涅槃永生は得らるる。彼の法身の常住を遺法の文句に求め、或いは宇宙の真理を法身と説くが如きは、未だ釈尊の真意に徹しないものである。

法身とは真理の体現者を表わすものであるが、真理を体現するとは、宇宙万有の如実の相《すがた》を体認することである。この意味で仏陀を如来とも云う。即ち本来常住の万有如実の相《すがた》を覚証《さと》り、その活動がごとく真理即ち如実相に相応することを、現わして如来と云うのである。故に釈尊は常に「十二因縁を見る者は即ち万有の真実相を見る、万有の真実相を見る者は即ち仏陀を見る」と説かれた（本書二二二頁参照）。万有に一定の本質相状のないように、如来にもこれぞ如来の本質、これぞ如来の相《すがた》として執すべきものはない。本経に積極的説明をなす時、必ず、「それに執わるべきでない」と、繰り返えされてあるのはそのためである。一定の本質相状の執すべきものがあれば、それは仏陀でなく、如来でない。本文（二四七頁）に「無住無辺の存在、これが仏陀であり、大涅槃である」と。

六

法身の隠れたる相《すがた》が仏性である。未だ仏身として現われない所が仏性で、仏性が迷妄の雲を払って現われたのが仏身であり、それを証悟の結果として論ずるのが涅槃である。故に仏性は宇宙の実性本体に名づけたもので、万有発現の根本原理、第一原因とも云うべきものである。従って万有は一の例外もなくことごとくが仏性を具えていると云わねばならぬ。即ち仏性は普遍である。真理に相応する隠れたる力、道を求むる心の徳、即ち善悪賢愚信不信を超越した本有常住の実性を仏性と云うのであるから、仏陀と凡夫とは相《すがた》の上で迷悟の別はあるが、その本質においては同一仏性の所有者である。故に人が一切の迷妄を捨て無明を滅して万有の実相を体認する時、仏性は晃々と輝いてその本有なるを知ることが出来る。仏凡に差別を認むるが凡夫にして、仏凡の一如を認識し体験するとき仏陀と成るのである。故に仏凡の差別は迷妄に依る一往の差別で、永く別なるものでない。

この仏性普遍常住の思想は独り本経に限るものでなく、総ての大乗経のひとしく説く所であるが、最も明確にこれを中心として説いたのが本経である。されば本経は総ての大乗経典に仏凡一如、一切成仏の根拠を与えるものと云わるる。

仏性はかく時間と空間とを尽して常住、普遍の実在であるから、万有万霊一つとして仏性を具えないものはない。常住不変の仏性を具うるものが、成仏を得ない道理はない。たとい信仰なきもの――闡提《せんだい》(Icchantika)もその仏性が破壊され失われたのでないから、他日信仰を具足すれば、必ず成仏すべきものである。これ本経の伝訳せらるるまで非仏説として排斥された闡提成仏の主張である。この思想は更に極言すれば、闡提が他日信仰を具えて成仏するのでなく、一切の生類は実体として、永遠の過去にすでに成仏していると云わねばならぬ。

同一仏性の所有者であるのに、修道の進程によって三乗の差別を立て涅槃に大、中、小を見るのは修道に浅深精粗あることを語るもので、涅槃そのもの、仏性そのものについて大、中、小を分けたものでない。経に「大中小の別あるも、三界を脱し、生死に住せざるにおいては同一である」と説くはこの意味を明かすものである。

本経が仏性の普遍常住を高調して、総てを仏性真実の発現なりと説くは、一面に唯一の仏力に依ってのみ理想の体現せらるる事を示すものと見ることが出来る。仏性常住にしてすでに成仏せりと説くは、一面、すでに仏陀の救済可能を主張するものと見らるる。これ本経が浄土教の原理を与うるものと云わるる所以である。

本経に盛んに説いてある常、楽、我、浄とは吾人の理想を総括的に表わしたもので、この絶対的理想を取って涅槃の属性とし、そして積極的方面を示さんとするのが大乗の涅槃である。この四属性は絶対涅槃のそれであるから、相対的の常無常、浄不浄、我無我、苦楽等を超越した大常、大楽、大我、大浄なることは前述の通りである。言い換えれば仏陀の理想である常恒と普遍と自主とを具備した無限の生命の欲求の実現が常楽我浄なのである。

本経は総てを仏性の発現として自己の精進努力を認めないにもかかわらず、古来より「律を扶け常を談ずる」と云われて、実際問題として戒を重んずる所以は仏凡一如即ち仏徳の絶対を生類の迷妄の中に認めて、その中に仏徳を実現せんとするがためである。また一面には、甚しく弛緩していたと想像せらるる本経成立時代の僧風を緊縮して、厳粛な道徳的生活を確立せんとする時代思潮の影響もあったろう。これ本経が他の大乗経典と異なって、放漫な大乗戒を捨てて戒規の峻厳な小乗戒を説く所以である。故に実践方面として八正道、十二因縁、四念処、三学など幾多の実践徳目が挙げてあるが、その中心は常に戒律によって厳粛な道徳生活をなさしむるにある。

七

本経の成立年代については確定し得る記録がない。しかし教理発達の歴史から見、また経典中に予言の形式で述べられてある年代から、凡その年代は推定さるる。

本経は般若系統の経典と同じく、仏陀の実性を観察するもので、彼の否定的なる如くこの経典においても涅槃を否定的に差別迷妄の断尽せる当体なることを説明しているが、なお彼経に比して常住不易の法身を説き、絶対の常楽我浄を説いて甚しく積極的である。即ち般若の真空妙有の妙有を闡明するものとして現われたものであろう。殊に本経の中に戒律を高調し、陀羅尼の信仰を説く点から見て楞伽《りょうが》経、解深密経、勝鬘経などと同じ時代思潮に支配されていることが看取せらるる。故にこの経典はその本文中に予言の形式で現わされた。

「この経典は予が入滅して四十年後は地に隠没し……滅後五百年を過ぎて後四十年に再び世に現われて大感化を与えるであろう」と云う様に、釈尊の滅後、五百年の頃、即ち西紀一世紀頃、次第に発達し来たった涅槃文学を組織大成したものであろう。この推定はこの種類の経典の一部が後漢の頃（一四七―一八六）支婁迦讖の手にて訳出せられたことによって更に裏書きされると思う。

大小二派の各種の涅槃経を比較する時、釈尊の入滅を首題として仏陀を観察する涅槃部経典の仏陀観の発達の跡をうかがうことが出来る。即ち始めには唯現実の悲哀にのみ満つるも、次には常住の法身を遺法に求め、次には遺法の文句より進んで絶対の真理に求めたが、遂に単なる理論の考察より一転して、現実に即身に涅槃を体現することを明らかにするものが、大乗の涅槃経である。

いま本経を始めより眺めゆく時、表現の主意は大乗教意に則っているが、その叙説の材料範囲には明らかに発達の跡がうかがわれる。

インドにおける本経に関する明確な記録は世親 Vasbandhu（五世末《ママ》葉の人）が本経の註釈として「大般涅槃経論」一巻と「涅槃経本有今無偈論」一巻を著したことである。伝訳史の上から見て後漢、三国の時代には全インドを始め、月支、安息西域地方に盛んに流伝せられていたことは想像されるが、その後にはインドにおいては講学の見るべきものはないようである。

支那には夙く後漢の頃、本経が訳出されたと伝えらるるが、その講学の見るべきものは曇無讖の大本涅槃の訳成りて後である。本経講学の初期において人口に膾炙される事件は羅什の門下、道生《どうしょう》（……四三四）の闡提（信不具の者）成仏の声明である。道生は法顕の訳本を見て仏性普遍の深義を達観し、そして経の玄底を闡明した偉才であるが不幸、当時の学徒の擯斥を受けた。同門の僧叡はために「喩疑」を著して長安より遥かにこれを弁明した。道生は仏性普遍を堅く信じて、「もし仏意に違わば現身に悪疫を受けよう。もし聖意に契わばこの経を講讃しつつ命を終らん」と、宣言して虎丘山に隠れた。宝林、法宝等を始めその学徳を慕い集るもの多く、その主張を盛んにして、遂に竜光派の一学派をなした。

北方に「大本涅槃」の訳出があって後、間もなく南方に伝わり、慧観等によって校訂せられてから、本経は般若経と共に支那仏学者の好んで研鑽する処となり、梁朝を中心として、教学界を風靡した。宋には宝林、慧静、曇斌等、斉には道登、僧宗等が盛んに斯学の興隆に努めた。当時の仏教を代表するの観ある有名な梁の三大法師である法雲（四六七—五二九）智蔵（四五八—五二二）、僧旻（四六七—五二七）等何れも涅槃経を本宗として、涅槃経中心の仏教とした。また仏教保護の帝王として有名な梁の武帝は自らこの経を講讃し、宝亮等に勅して「義疏」を作らしめられた。現に存する「集解」七十一巻がそれである。当代学僧の所見を知るに欠くべからざるものである。

陳、隋に及んではその講学の行われないではなかったが、多くは或いは成実論を、或いは法華経を兼ねていたために、涅槃独自の教学は次第に衰えて、遂に天台宗において、法華経と同時（同一思想）の意味の下に、研究せらるるのみ。

我が国における仏教の特色は、仏教を哲学思弁とせずに、宗教修道即ち仏陀の体験を第一とした点であるから、その学派の如何を問わず、その底流には皆涅槃経の思想が活躍して居ることを掬することが出来る。しかし特別に本経を中心として講学せられたことはない。叡山の証真（源平時代）の著した「涅槃経疏抄」四巻が我が国における唯一の本経の疏釈と云わるるによっても、伝うべきもののないことが首肯されよう。

本経の註釈として現存するものを挙ぐれば、

大涅槃経論	一巻（インド）	世親（縮刷蔵経往帙六）
涅槃経本有今無偈論	一巻（インド）	世親（同上）
涅槃経集解	七十一巻（梁）	宝亮等勅集（続蔵経九十四套二―四）
涅槃経義記	二十巻（隋）	慧遠―（同上五十五套四以下）
涅槃経遊意	一巻（隋）	古蔵―（同上五十六套二）
涅槃経疏	十五巻（隋）	灌頂―（同上五十六套四以下）
涅槃経玄義	二巻（隋）	灌頂―（同上五十六套二）

後分涅槃経釈「三徳指帰」巻末（宋）

智円――（同上五十八套五）

大般涅槃経

第一　釈尊の滅入〈序品〉

生類の悲しみ

釈尊は死期の近づくと共に拘尸那竭羅《クシナガラ》城外、マラ族の本土である尼連禅河の畔、娑羅双樹の間に、あまたの大弟子にとり囲まれて、静寂《しずか》な臨終の床を伸べられた。

いよいよこの世を去り給う二月十五日の晨朝《あけがた》、仏のみ力によって、自然の声は全宇宙に響き、全生類を覚醒するよう、

「総ての生類よ、汝等に対して極愛一子の慈愛をもたせ給う仏陀世尊は、今や臨終の床にあって、今日、涅槃に入らるるはずである。もし思想上、実行上に疑問があるならば、今のうちにこの解決を求むるがよい。それは仏陀に対する最後の問となることであろう」と。

その時、釈尊の尊容は殊に崇《けだ》かく、温情は溢るるばかりに、全宇宙に光明と輝き、その温容に接した

各世界の生類は一切の煩悶迷妄を除くことが出来た。

一切の生類はこの光景を見、自然の声を聞いて、悲歎慟哭して頭を拍ち、胸を叩いて「ああ全生類の慈父たる仏陀は遠からず逝き給うのであるか、実に悲痛の至り、哀愁の極みである」と叫び、山川草木もまた釈尊の入滅の近きを悲しみ慟哭するのであった。

時に生類は互いに警めて「徒に悲歎に沈むべきときではない。一同疾く釈尊のみ許に参向して、『なお幾万年もこの世に在すよう』御願いしようではないか」と。互いに手を執り相誘うて娑羅林へ馳せ向うのであるが、その道すがら「仏陀に逝かれてはこの世は闇黒に、凡ての福祉は尽き、不善事のみ増長することであろう。いざ疾く仏陀のみ許に参ろう。仏は久しからずして涅槃に入り給うのであるから」と。また「仏の在まさない世はあじきなきものよ。我等は今から誰を頼みとし、何を依憑としよう。一たび仏に別れては永久に疑惑を解き、真理を体現する時はない」と、滅後の悲哀を語り合うのであった。

仏の入滅を聞いて集い来る会衆の中で、すでに阿羅漢の位に達し自由の天地を開拓し得た大訶旋延《かせんえん》、薄拘羅《はくら》、優波難陀《うばなんだ》、等八百万の男僧と、拘陀羅《くだら》女、善賢、海意、等六十億の尼僧、および大乗のみ教えを尊びこれを理解し学行し証悟して、無限に向上の一路を辿る無数の聖者達は、共に全生類に大乗の真理とその学行とを完成せしむるために仏の教化の継続せられんことを冀うて仏足を礼拝するのであった。また威徳無垢称王居士、善徳居士を始め無数の居士の一団が居た。この居士団は何れも五戒を厳守する人格者で、常に中正の教を研究する無上大乗の渇仰者であり、その体現を期するものであるが、いま仏の入滅を聞いて七宝に飾られた車にあまたの珍香、妙華を盛り、六味を調和した美膳を調えて沙羅林に赴き、一切の執着を離れ無限に向上を志求する清浄な心から「世尊よ、願わくは、我等の悲歎を哀みて最後の供養を受け給え」と、涙を下して三度懇請したが、仏は未だ時期にあらずとて、許されなかった。供養を斥けられた居士団の悲しさは、あたかも一子《ひとりご》に先だたれた慈父が野辺の送りを済ませて帰った時のようであった。

また寿徳、徳鬘、毘舎佉《びしゃきゃ》を首座とする八万四千の信女は、その身が常に仏陀世尊の擯斥し給う世の貪淫、瞋恚、愚痴の基となる唾棄すべき臭穢の身なるを知って、万有の空なることを観察し、差別相を否定し、そして一切の迷の事象に願望《のぞみ》をかけない所謂、空、無相、無願の三解脱門を修して自ら克く大乗の学行を完うするのみでなく、他にも勧めて歓びを倶にする人々である。この信女達もまたあらゆる供養を捧げて受納を冀うたが、仏は黙して享けられなかった。

また常に正法の擁護者である毘舎離城の離車族は阿闍世王家のものを除き、他の王侯貴族、大臣富豪および庶民ことごとく集い来たって、あまたの供養を捧げた。しかし仏が納受せられないので、多羅樹の陰に住《とど》まった。

また広目天女を首座とする大乗に帰依するあまたの天女は、天の香華、金鈴、宝幢《はた》、伎楽を調え、悲泣雨涙して、最後の供養を受納し給わんことを請うたが、仏はまた時を知って許されず、天女は悲しみながら一隅に座を占めた。

時にまた和修吉、難陀を首座とするあまたの竜王、毘沙門を上首とするもろもろの鬼神、降怨鳥王を上首とする金翅鳥王、那羅達《ならだ》王を長者とする乾闥婆王（楽神）、善見王を上首とする緊那羅王（歌神）、大善見王を上首とする摩秘羅伽《まごらか》王、睒婆利王を上首とする阿修羅王、無垢河水王、跋提達多王等を上首とする陀那婆王、楽香王を上首とする樹林神王、大幻持呪王を上首とする持呪王、善見王を上首とする貪色鬼魅、天藍婆女、鬱婆尸女等を上首とする天婬女、白湿王を上首とするもろもろの鬼王、十万億恒河沙のもろもろの天子、天王、四方の風神、雲雨を主どる神々、それ等にも増して数多き大香象、獅子獣王、飛鳥、水牛、牛羊、神仙人など総て敬礼恭敬して、最後の供養を哀受し給わんことを願った。

最後の供養

かくの如く南方世界、閻浮提中の僧尼はことごとく集い来たったが、大迦葉尊者と阿難尊者の姿が見えなかった。時に最高峯の須弥山を始め世界の総ての山々には樹木が鬱蒼として日光を蔽い、その枝には美しき華を開き、清冽な渓流は木の間を縫うて千年の春を讃えていた。この森の中に住む諸天、竜神、楽神、阿修羅などの山神、河海神なども仏のみ所に詣で、あまたの供養を捧げて稽首作礼するのであった。

かくて、拘尸那城外の娑羅樹の林は白変して白鶴のように、空には七宝の楼閣が現われて、精巧な彫刻と色彩の艶麗とはまばゆきほどに、堂下の掬すべき流れと浴すべき池とには美妙《うるわ》しい蓮華が今を盛りと咲き乱れて、さながら帝釈天の住む忉利天の歓喜園のようであった。

もろもろの天人、あまたの鬼神たちはこの仏陀入滅の瑞相を観て何れも悲しみ愁い、四天王、帝釈天は語り合うよう、

「皆が観るように、もろもろの天人、世の人々は元より、鬼神阿修羅までも、盛んな供養を設けて仏に最後の供養を奉らんとしている。我等もまた供養を捧げ、最後の供養者とならねばならぬ。何となれば仏に最後の供養を捧げた者は、布施波羅密を完うすることが容易であるから。」

かくて四天王、帝釈天、第六天等はおのおの珍膳妙宝を捧げたが、一つも仏の受納するところとならぬ。次で梵天、阿修羅、魔王、大自在王等もまた各々あまたの眷属を引き具して仏のみ所に詣で、最後の供養者たらんことを請うたが、同じく許されなかった。

釈尊の病床を訪れ、供養を捧げるものはかかる此土の人々に限らず他の世界の聖者も集い来たのである。ここを去る東方、無数の仏土を過ぎて世界がある。その世界を意楽美音と云い、仏を虚空等仏と号する。虚空等仏はその第一の弟子の告げるよう、

「求道者よ、汝はこれから西方の娑婆世界に、往かねばならぬ。彼の世界の釈迦牟尼仏が臨終の床に就かれたから。汝は疾くこの世界の香飯を奉るがよい。さすれば釈尊はそれを食して安穏《やすらか》に入滅すること

であろう」と。

すなわち聖者無辺身は直にあまたの大聖者を引具して、娑婆世界に来られた。時に三千大千世界が六種に震動したので、梵天、帝釈天、四天王、天魔波旬、自在天などは怖れ戦き、四散しようとしてその身を見れば、今まで四方を威圧し輝いて居ると思った威徳光明は、何時の間にか消え失せて何物も止めない。文殊師利はこの様を見て「もろもろの求道者よ、懼るる必要はない。汝等の身光の圧伏されたのは東方、意楽美音世界の聖者無辺身の来会せられたためである。汝等はむしろよろこぶべきことで、決して怖るべきものではない」と。更に会衆が何れも彼世界の大衆を諦観することが出来たのを見て云うよう、

「汝等はいま、彼の仏の大衆を諦らかに観見し得たであろうが、仏のみ力に依って更に九方の無量の諸仏をも同様に見奉ることが出来る」と。

かかる間においても大衆の胸を往来するものは、仏陀入滅の後における悲しさと苦しさとである。

その時、聖者無辺身は無数の聖者を随え、美しきあまたの器具に山と盛られた上妙の飲食を奉持して、仏のみ所に詣でて地に額つき「仏よ、哀愍して我等の供養を受けさせ給え」と、ひたすら懇願すること三度するも、仏はまだ「時にあらず」とてこれを斥けた。よって従者と共に会座の一偶に座を占めた。南、西、北の三方にもまた無辺身と同名のあまたの聖者がいて、同じく仏のみ所に来詣して種々の供養を捧げて受納せられんことを願った。

空には瑞雲棚びき、地には瑞祥漂う方三十二里の娑羅樹林は、今や仏の入滅を悲しみ、最後の供養者たらんとして集い来たれる大衆に満たされて立錐の余地もない。大迦葉と阿難の二尊者と阿闍世王およびその王族とを除いては、人を視れば噛み殺す毒蛇、害虫の類より十六種の悪業をなすものまでも来たり会し、陀那婆神、阿修羅神等の如き鬼神は悪念を捨てて大慈悲の心を生ずるのである。

かく仏の教団においては全宇宙の生類は、総て父の如く母の如く姉の如く妹の如く互いに睦み親しみて、唯宗教的信念を欠ぎ、徳性修養の心なきものだけを教団より除外する。

また仏の神力《みちから》によって国中には和平の気漲って地味は柔軟に、丘阜砂礫の礙りはなく、全く平坦、開豁な楽天地となってあらゆる瑞草が繁り栄えた。かく七宝に荘厳された世界の厳麗清浄な様は西方無量寿仏（阿弥陀仏）の極楽世界の如くであった。

時に釈尊のみ口より五色の光明を放ち、遍く一切の会場を照らして、会衆の身光を圧伏する総ての光明を隠蔽し終って後にその光明は再びみ口に還り入った。この光景を見たもろもろの天人、阿修羅等を始め総ての会衆は恐れて身の毛を竪て「仏の光明がみ口より出て再びみ口に入ったのは、因縁《いわれ》のないはずはない。それは必ずこの世においてなすべき総てを成し遂げて将に最後の涅槃に入る相に違いない。果してそうだとすれば何と苦しきことだろう。何と悲しいことだろう。何故に世尊は広大な慈悲喜捨の心を捨てて、人天の捧げまつる供養を受けさせられないのであろう。今や聖智慧の光は永く滅し、迷いの海を渡す無上の法船は当に沈没せんとしている。嗚呼、世にこれ程痛ましいことがあろうか。世にこれ程苦しいことがあろうか。」

と、手を挙げ、胸を叩いて悲歎し、五体を大地に投げて慟哭する様は、全身の毛孔より熱血を大地に灑ぐかと思わるる。

第二　最後の供養者純陀〈純陀品〉

二つの果報

　雲と集う会衆の中に一人の居士がいた。彼は拘尸那竭羅《クシナガラ》城の大工の子で純陀と云い同僚十五人と倶に参候したのである。純陀は社会の完全進化を冀うところから、世俗の服飾を捨てて座より起ち、右の肩を袒《はだ》ぬぎ、右の膝を地に着け合掌して仏の御足を礼し、涙と共に仏に訴うるよう、

「世尊よ、願わくは限りなき生類に済度の因縁を与えるために、我等の最後の供養を受けさせ給え。世尊の逝かれた後には我等には主もなく、親もなく、救いもなく、護りもなく、帰依する所もなく、趣く所もなくて精神的に破産する外はない。吾々の願うところは仏より永遠の法食を求めんとするのである。願わくは我等の胸中を憫察され、我等の微衷を受けさせられて後に入滅せられますよう。世尊よ、譬えば刹帝利、波羅門、毘舍、首陀の四階級の人が貧困なために他国に出稼して、農業に従事するに

調練《な》れた牛と肥沃な良田とを得、沙礫、悪草を除いて、今はただ天より一雨の来るを待つと同じく、私はすでに、身口における七種の悪業を淳化し、智慧の良田を得、煩悩を除外して今はただ仏の甘露の法雨を希うているのであります。即ち私は最上のみ教えを知らない精神的貧困者であります。願わくは我等のかかる窮状を憫み、精神上の糧食、営養であるみ教えを説いて、我等の貧窮と困苦を除き、更に広く全生類の苦悩を救済し給わんことを。私の今捧げますものは極めて微少ではありますが、仏および会衆一同に満足を与えることと信じます。

寄るべなき私を憫み、一子羅睺羅《らごら》の如く慈しみ給え。」

万有の真実相を体解せる最上の大指導者である釈尊はこれに答えて、

「よいとも、よいとも。私はいま、汝の貧窮を除くために、無上の法雨を雨ふらして汝の身田にある法芽を生ぜしめよう。即ち汝の要求する常住不変の生命と相と力と安固たる地位と教化の才能とを施してやろう。純陀よ、食物を施すに二の果報があるが、両者は本質的に差別はない。一は受けて後、無上真実の学道を体得し、二は受けて後、涅槃に入る。予はいま、汝の最後の供養を受けて、汝に布施波羅密を完うせしめよう。」

純陀「世尊は布施によってもたらされるこの果報に差別はないと申されましたが、私には理解が出来ませぬ。前の受施は正覚を成就されない前で、未だ煩悩の絆を断ち切らず、万有の真実相を体得せず、生類に布施行を完うせしむることが出来なかった。後の時はそれを完全に成就している。また前の時は在迷の人で、煩悩の力によって生じた雑食身、煩悩そのものを体とする煩悩身、罪悪の本質的束縛を脱しない後辺身、遂に滅し去るべき無常身である。然るに後の時は無煩悩身、切らんとして切り能わぬ金剛の身、実体身、法性徹見の常身、無限の真理体現の無辺身である。また前の時は未だ六波羅密を成就することが出来ず、また唯世俗的知識を修得せるのみで、出世間的の差別否定の知識や平等智や平等の上の差別を認むる知慧がない。然るに後の時にはすでに六波羅密を成就し、五眼を円満に具えている。また前の施を受けてはこれを食し、これを消化し、その営養によって、生命、肉体、力、不動の信念、自由な弁才とを獲得せられたが、後の施は食することなく消化することもない。従ってそれによって生命、肉体等の五事の結果はもたらされない。斯く前後比較するに種々の差別がありますのに、どうして二施を同一と云うことが出来ましょう。」

仏はその誤りを諭して云うよう、

「求道者よ、仏の身は永劫に業《ごう》に支配されることなく、煩悩に汚さるることなく、因果律に縛せらるることはない。実に研究と修養とを完成したもので、万有の実体、常住不変の身である。未だ仏性の顕現しない者を煩悩身、離食身、または後辺身と云うのである。正覚成就の前に受けた供養によって金剛三昧に入り、仏性を顕現して無上の正覚を成就するのであるから、涅槃の時に受ける供養のもたらす結果と異なることはない。この故に私は『二施の結果は等しくて差別はない』と云うのである。また前の施によっても四魔を破り、後の施によっても同じく四魔を破る。また前には十二彙類の仏の教説を説かないが、仏はすでにそれには通暁していたのである。いま涅槃に入るに際してもまた広く生類のために教説の十二彙類を説くのである。斯く前後の二施の結果は等しくて、差異のあるものでない。求道者よ、もともと仏は永劫に飲食を摂ることはない。唯思想の低い者のために『先に難陀、難陀波羅の二牧女の牛乳の供養を受け、そして後に正覚を成就することを得た』と云ったので、実際、予は食物を摂ることはない。今もまた、予は汝の捧ぐる供養をこの会衆のために受けはするが、しかし事実それを食するのではない。」

生ずる者は必ず滅ぶ

会衆は仏が最後の法会を開くために、純陀の最後の供養を受けさせらるることを聞いて、歓喜踊躍して、一同、純陀の徳を讃えるよう、

「偉なる哉、純陀よ、汝の『深妙の真理を理解する』と云う名の示すように、今や汝はここに大真理を開顕して、現代に大なる名と利と徳と願とを成就せしむるものである。純陀よ、生を人生に享け、仏の在世に値《あ》い、信を起し法を聞くことは容易なことでないが、更に難事は仏の入滅に際して、最後の供養を捧げて受納せらるることである。汝は今、その難事を成し遂げて、布施行を完うした。我等は秋天に輝く玲瓏たる満月を仰ぎみるが如く、汝を瞻仰《せんごう》して甚深の敬意を表する。偉なるかな純陀よ、汝は現に

人身を受くるも、心は仏のみ心である。真に汝は仏のみ子にして、羅睺羅と異なることがない。」

時に純陀は歓喜雀躍して、にわかに死亡した父母が忽然と蘇生した程に歓び、また座を起ち仏を礼して申し上げるよう、

「受け難き人身を受け、離れ難き輪廻の三悪道を離れ
仏は優曇華の如く、容易に値遇し難い
仏の世間の事象に染《けが》されないことは、蓮華の汚水に処《あ》るが如くである。

この世に人と生るるは難く、仏に値《あ》うは更にまた困難である。

あたかもそれは大海において、盲いたる亀の浮木の孔に遇うが如くである。

仏は我が教団の中にあって、常に無上の法を説き、吾等の無明の闇を除き給う。

仏もし逝き給わば、もろもろの生類は追慕し悲泣して、ことごとく生死の苦水に溺るることであろう。

されば世尊よ、生類の信を長じ、生死の苦を除くために、久しくこの世に住し給え。」

釈尊は純陀に告げるよう、

「汝の言うように仏の出世、仏に値遇し、信を生じ、仏の最後の供養者として布施行を完うすることは難中の難事である。汝はむしろこの難事を成し遂げた身の幸福を慶んで、予の入滅を愁しんではならぬ。また予に久しくこの世に住することを請うてはならぬ。汝はよろしく仏陀の境地を観察するがよい。仏の境界は皆無常である。万有の本質と相状もまた無常である」と。更に偈を説いて、

「一切の万象、生ずるものは必ず滅す
寿命無量と云うも、必ず終りがある。

盛んなるものも必ず衰うることあり、会うものは必ず相離るる時がある。

壮年は幾年も続くものでなく、健康者も時に病に侵さるることがある。

人の命に死のあるように、万有も常住なるものはない。

流転の苦には辺際《はてし》なく、転々して息むことがない。

迷の三世界は皆無常、総ての存在は楽しきものでない。

解脱の大道は本来、実体と形相を具え、万有はみな空なり。

万有は老、病、死と次第に衰悩し滅壊する。

実在と思うは一つの偏執にして、人は常にこれがために悩まさるる。

煩悩の束縛は蚕の繭におけるが如く、自縄自縛である。

真実智慧あるもの、いかでこれを楽しみとせん。

この身はあらゆる苦の集まる所で、一として不浄ならざるはない。

欲を離れて正しい思惟をなすものは必ず真理を証《さと》り得る。

現に執着する存在を否定するものは、直に涅槃を証すべし。

予は真実の存在の彼岸に度って、一切の苦を超越し、上妙の楽しみを受くるのである。」

「世尊の仰せらるる通りであります。私の蚊蚋《ぶんぜい》の如き貧弱な知識をもっては、どうして仏の涅槃の深義を思惟し論議することが出来ましょう。しかし仏陀および聖者の擁護によれば、文殊の如き大聖者の列に加わることが出来る。いまは仏陀の加護の下に、世尊の久しくこの世に住して入滅せられないように、お願いする次第である。」

時に文殊は純陀をさとして云うよう、

「汝は仏陀に入滅なきことを飢えた人に嘔吐のないようだと云うが、それは間違った考えである。汝はいま万有の本質と相状を観察するがよい。変化を観察すれば空の理を証《さと》る。正法を求むるには先ずこの観察を完うせねばならぬ。」

「文殊師利よ、人間界においても天上界においても最も尊い最も勝れた仏陀にどうして変化があろうか。変化があれば生滅があらねばならぬ。私は予て天人は非常な長命であると聞いていますが、その天人にいや増す霊徳を具えた仏陀が却って短命で、百歳にも満たぬと云うことは、道理に外れたことではありませぬか。もし仏陀に変化があるとすれば、生死があるのであるから、仏陀を天人にいやます偉徳者とすることは出来ぬ。故に文殊よ、仏陀を観察して万有と同視してはなりませぬ。

文殊よ、もし求道者が正法の尊厳を瀆さないためには『仏を万有と同一とも、また別種とも』説いてはならぬ。むしろ自己を省みて愚かな自分はいまだ真理を徹見する智慧がないと、己れの愚痴を責むべきである。仏のみ教えは吾々の思惟し論議し得るものでない。故に仏を差別変化あるものとも、または平等常住であるとも決定的に説いてはならぬ。強いて云うならば『仏は平等常住である』と説けば、間違いはない。もし仏道修行の僧侶が仏に変化あり差別ありと云えば仏の厳しく戒めらるる妄語の罪を犯すもので、死して後、地獄に堕ちてそこを住家とせねばならぬ。文殊よ、あなたは頻りと私に仏に食物を供養するように勧めらるるが、仏はその昔、苦行せられた六年間でさえ、御自分で食事は支弁せられた。入滅の旦夕に迫ったしばらくの間に、他の供養を必要とせらるる訳がない。あなたは仏が食物を摂られるとお考えなのですか。私は堅く信じています。仏陀は宇宙の実体で、生理作用の行わるる体ではないと。」

生類のための入滅

この時、仏は文殊に告げらるるよう、

「純陀よ、お前の説の通りである。お前は最早、真実の大智慧を体得して、深妙なる大乗の教理に体達しているのである。」

と、そしてみ口より種々の光を放って、文殊の身を照された。文殊はその瑞相を見て、

「仏がいま、かかる瑞相を示されたのは、近く入涅槃せらるる前兆であろう。純陀よ、汝の予て準備してある最後の供養を捧げる時は正しく今である。」

と、純陀はこの言葉を聞いて、声をあげて歎き悲しみ、大衆に勧めるよう、

「もし仏が逝きませば、この世は闇黒である。いざ一同、大地にひれ伏して、共に入涅槃せられぬようお願いしよう。」

釈尊はその歎きを聞いて諭すよう、

「余りに悲しんで心を傷ることがあってはならぬ。予のこの身は芭蕉、炎、水泡、幻、化現、楽神の城の如く、また杯、電光、水面に画ける画の如く、また死に臨める囚人、熟柿、肉団の如く、また織の糸の尽き、碓《うす》の上下するが如きものである。汝は私を愛慕するの余り、この世に永存せんことを望むが、予はまた汝および一切の生類を憫んで、今日涅槃に入るのである。即ち一切の生類に万有の無常なる理を知らしめんがために、涅槃の相を示すのである。総ての真理の体現者は云っている、『差別変化あるものはその本質として無常である。故に生れ出たものが同一の状態で永存することはない。この差別や変化を絶滅した時に真の楽が得らるる』と。」

純陀は釈尊の訓誡を会得して、

「誠に仰せの通りであります。御訓諭によって仏が涅槃の相を示さるる所以は生類を開導する手段としてであることは会得いたしましたが、情として仏の入滅を悲しまずにはいられませぬ。しかし翻って仏の慈悲を思えば、また自然に慶びを覚えないでもありませぬ。」

釈尊は純陀の仏意を了解したことを讃歎して、全生類の福祉を増進するために速かに供養を捧げるこ

とを慫慂せられた。かくて純陀およびその一族は歎き歎きみ仏を繞り、香を焼き華を散じ、誠意を尽して礼拝を終り、そして文殊と共に恭しく仏に供養を捧げた。

第三　歎くなかれ仏陀は不滅なり〈哀歎品〉

甘露の正道を指示す

純陀が供物を捧げて幾程もなく、世界は六種に震動して、万有はひとしく悲哀を訴え、かつ釈尊に願うよう、

「世尊よ、世尊が大乗の深義を唯文殊にのみ教えて、吾等を棄てて顧みないのは、名医が秘伝の処方を唯その子にのみ伝授して、その余の受学者に教えないようなものである。しかし人情に厚薄のある医師がその秘方を惜んで他人に苦に《ママ》教えることの出来ないのは怪しむに足らぬが、自他に親疎の差別を立てぬ仏陀にかかる偏頗の行があろうとは思われぬ。どうか未だ仏教の真義を知らない吾等を憫み、永くこの世に住《とど》まって、入滅せられないように願います。また人が平坦な道を離れて嶮岨な悪路に苦しむを憫んで、坦々たる大道に導くように、世尊もまた現実の世相（人生）に苦しんでいる吾等を憫み、吾等に

甘露の正道を指示して、永くこの世に止まれますように」と。

「汝等僧、俗、天人等よ、徒に愁歎し啼哭することなく、まさに精進して一心に大乗の深義を正念するがよい。もし迷と悟の種々の教えについて疑問があれば、諮問《たず》ねるがよい。予は問に随って一々解決を与えよう。予は汝等のために先ず要求するみ教えを説き、しかして後に涅槃に入ろう。生を人生に享け、仏に値《あ》い、信仰に入り、精進して仏行を全うすることは何れも難事であって、瓦礫の中に金を求め、優曇華の花に遇うが如くである。汝等は折角、人身を受け、仏に値《あ》いながら、空しく過してはならぬ。予は汝等のために永劫の間、血を流し骨を削って、人類救済の大道を体得した。されば汝等はゆめゆめ怠る心があってはならぬ。

汝等は身に色染の法衣を纏いながら、心は未だ大乗のみ教えに染まず、また諸所に乞食すれども、未だ一度も大乗の教えを求めたことはない。また鬚髪を剪っていながら、未だ煩悩を除いていない。故に予は衷心から汝等に訓諭《さと》す、『予が現にかく大衆と和衷協同して説く所の教えは真実で、誤りがない。汝等は平和な教団を作り、その間に当に精進勇猛に、心の散乱を摂めて、もろもろの煩悩妄念を催破せよ』と。十力を具えらるる仏陀が没し去れば、世は闇黒に、汝等は無明に閉ざされよう。努めよ。励めよ。

予はいま、一切の生類および我が男女の弟子をことごとく秘密蔵の中に安住させよう。そしてまた予もその中に安住して、涅槃に入ろう。その秘密の蔵と云うのは、『∴』字の三点の如く、解脱の法と仏身と平等の大智慧とが相関的なるところを云うのである。即ちこれが単独なる時は涅槃とは云われない。

またこの三法がおのおの異なるも涅槃ではない。予はいまこの三法を体得して『生類のために涅槃に入る』と云うのである。」

認識の誤謬

大衆は仏を礼拝して、もうすよう、

「世尊は肉体、感覚、精神、万有の真実相を語る無常、苦、空、無我の四真理を快く説かれましたが、その中で無常の思惟が根本をなすように思われます。努めてこの思惟を深めて行けば物質界の欲望、意識界、観念界の愛欲、無明、惰慢を除き、更にその無常想そのものをも除くことが出来る。仏が無常想を離れたものとすれば、涅槃に入る訳はない。もし離れていないとすれば『無常を思惟する時は迷の三世界の愛欲、無明、惰慢および無常想を離る』と云うことと矛盾することになる。

世尊よ、吾々が我、人、生類、寿命、養育、知見、造る者、造らるる者など、これ等を総て真実の存在とすることの誤りなることは、芭蕉を樫のように堅い木となすと同一であろうと思います。私はこう云うふうに無我を思惟して居ります。この身には主宰者たる我はない。それは漿滓の再び用いられず、七葉華の香気のないようなものである。一切万有は自我とか我の世界と云うものではない。斯く万有を観て行けば、我慢を離れ、やがて涅槃に入るものである。もし無我の思惟生活をなすものに、もろもろの妄見があると云うのは、空飛ぶ鳥が、空中にその足跡を残すと云うに等しい。かかる不合理はないと信じます。」

「結構です。それは正しい考え方である。」

「世尊よ、私等は単に無我の理を思惟するばかりでなく、その他の苦、無常、空等の真理を思惟しています。これ等の真理を知らぬものは、酒に酔える者の心乱れ眼眩みて山川、家屋、日月などが総て回転して見えるように、事物の真相を究めることは出来ないと思う。この四の真理を思惟するものが聖者で、その怠慢が遂に生死に流転せしむることになると考えます。故に私等はこれ等の思惟生活をなすのであります。」

「心をとめて聴くがよい。汝等は前に酔人の譬えを引いたが、汝等はその意味を文字通りに取って、それが現わす本義を知らない。彼の譬えの本義と云うのは、事実回転しないものを見て、回転していると想うところにある。未だ真理を証《さと》らないものはその酔人と同じく、もろもろの煩悩無明に迷うが故に種々の誤謬を生じて、真実我であるものを無我と計し、真実常であるものを無常と計し、真実浄なるものを不浄と計し、真実楽なるものを計して苦としている。これ全く煩悩に覆われてその真実相を体認せざるためである。今、私の云う我とは仏の本性、常とは実我の本性、楽とは涅槃の本性、浄とは万有の本性である。然るに汝等は何故に自我の思想は憍慢貢高の因、生死流転の源と云うか。汝等は頻りに無常、苦、空、無我の学修を高唱するも、それは真実究竟の修行ではない。予はいま汝等のために真理体得の三種の学修法を説こう。

総て事物の真実相と反対の見方をなすを顛倒の観察法と云い、これを常、楽、我、浄の四形式に纏めて、四顛倒と名づける。かくの如く物を常に逆に見て行く人は、到底そのものの真実相を究めることは出来ぬ。差別世界にも常、楽、我、浄があり、平等世界にも常、楽、我、浄がある。しかし差別世界の物は名（外形）のみで、実（内容）がない。しかし平等世界においては名実共に具わっている。差別界においては感覚、想像、分別の誤謬があるから、楽の中に苦を見、常に無常を見、我に無我を見、浄に不浄を見るのである。この価値観の顛倒は、単に皮相に止まって実質を究めることが出来ない。いま実質と云うのは無我とは即ち生死、我とは即ち如来、無常とは声聞、縁覚の所証、常とは仏陀法身、苦とは外教の所証、楽とは涅槃、不浄とは有為法、浄とは諸仏聖者の正法である。斯く見るのが不顛倒と云う。真実相を究めた時が外形実質共に知り得た時である。四種の妄見を匡すには常、楽、浄、我をかく体解せねばならぬ。」

「只今、説明された通りに四種の誤謬を匡すことが出来れば、それに代る思想が即ち常、楽、我、浄である。仏はすでに一切の誤謬を脱し、真実に徹し給えば、更に、未だ真理を体得せない吾等を誘導してその謬見を匡し給うべきに、何故に吾等を打ち捨て、急いで涅槃に入ろうとせられますか。世尊がもし心にかけさせて教誨を賜われば、誠心誠意その旨を体して、実行いたしますが、仏がこの世を捨てて入滅せらるるならば、吾等もこの汚れた身を維持して、仏行を修むる必要はない、むしろ仏の死に殉ずる方が遥に勝っていると思います。」

「汝等はそんな無反省なことを云ってはならぬ。予は総ての最上のみ教えを、ことごとく大迦葉に伝えておいた。我れ逝きし後は迦葉が汝等の依憑者であり指導者である。それは仏が一切生類の依憑者たると同様である。我れ大法を迦葉に委嘱するは大国の天子が政務多端の際、地方を巡行するには、国事を挙げて大臣に委托すると同一である。

汝等のこれまで考えて居た無常、空等の思想は皆真実でない。真実でないものを真実と思って固執するのは瑠璃の玉を水中に落とし、これを探し求むるに瓦礫、木草を捉えて瑠璃の珠を得たと歓ぶと同一である。汝等は瓦礫や草木の如きものを宝珠と思ってはならぬ。常に修養に努めて、至る処に真実の我、常、楽、浄を見出さねばならぬ。」

「世尊よ、あなたは先に万有には主宰者はない、この理を学修しおわれば総ての我執を離れ、我執を離るれば憍慢を離れ、憍慢を離るれば涅槃に入ることが出来ると説かれましたが、今説かれたこととは全然矛盾するではありませぬか。何故ですか。」

「それはまことによい質問である。予は汝等の質問の答として一の譬えを説こう。ある王宮に一人の侍医がいた。その侍医は病の根源、処方にも通ぜず、総ての病に唯乳薬の一方を用いるのであるが、国王はその凡庸なることを知らずして、高禄をもって召し抱えているのであった。時に病理にも臨床学にも通暁した名医が遠方から、その国に来た。名医は謙遜して却って庸医に教えを請い、その高慢の言も意に介せず、言うがままに四十八年間、弟子としてつかえた。かくて一日、伴われて宮廷に伺候した時、名医は王を啓発するはこの時であると思い、王のために治国の法と治病の法とを説いた。国王はその説を聞いて、始めて旧医の凡庸無智なることを知り、これを国外に放逐すると共に、客医を礼を篤うして侍医とした。すなわち名医は国王に今後、その国内においては従来用い来たった乳薬を厳禁し、もし犯すものは斬罪に処せられんことを請うた。国王は直ちに令を出して、名医の望みに任せた。その後、間もなく国王が病に罹るや、名医は王に勧むるに乳薬を以てし、『私の先に乳薬を禁じたのは、私の真意ではない。王の今の病気には却って、それが適薬である』と。王はこの前後非常に相違するむしろ狂的の診断処方を聞いて、大いに怒り、『やはり汝は旧医よりも劣っていたのである』と。然るに客医はおもむろに答えて云うには『旧医はその適否を弁別せず、万病に同一の乳薬を与えていた。故に僥倖に適剤となることもあるが、それは木喰い虫が自ら字に成るか否かを知らずに、文字を劃くが如きもので、智者は決して驚かない。元来、乳薬には毒薬と甘露とがある。甘露となる乳牛はその飼養法に特別の注意を要するもので、この特殊の飼養法によらぬ牛より得た乳薬は皆毒害となるものである』と。

予がさきに無我、無常等と説いて、いまは我、常などと説くはあたかもこの譬えにおいて良医がさきに乳薬を貶し、後にはこれを推賞すると同一である。もろもろの外道が我を説くは虫の木を喰い、たまたま字を成すようなものである。仏はその愚昧を啓発する方法として、先ず無我を主張し、次で思想の進むに従って我を説くのである。それは彼の良医が乳の成分に従って、前後に褒貶の異あるが如きで、凡庸の徒が自我を主張するのとは全然異って居る。世の凡庸は自我を説いて『或いは大きさ拇指の如し』とか、『或いは芥子の如し』とか、或いは『微塵のようだ』と云っている。仏の説く我はかかるものではない。仏は先ずこの誤謬を打破せんがために万有無我と喝破して、直截にその非を悟らしめられる。しかし実は無我ではない。唯外道の徒の説くが如き我はないと云うことである。然らば予の主張する我はどうかと云うに、万有はその相において種々異なるも、その本性においては毫も変化はない。この本性の変化しないことを我と云うのである。汝等は万有には永恒不変の本性、即ち我の存在することを学修せねばならぬ。」

第四　仏陀の永恒性〈長寿品〉

一切生類のために

釈尊はもろもろの僧衆に告げらるるよう、

「汝等、予の主張する宗教の精神とその実践行目とに就いて、疑問があれば遠慮なく尋ねるがよい。予は万有の本性の無差別平等に体達して居るから、十分説明して、必ず汝等に疑問氷解の喜びを与えるであろう。」

釈尊が再び質問を促されたについて僧衆は答えるよう、

「世尊よ、吾々の如き幼稚な知識をもって、どうして吾々の認識以外の仏陀の境地、仏智の内容、およびその教誡について尋ねることが出来ましょう。仏の教誡を聞くもその教化を存続せしむることの出来ないことは、命、旦夕に迫れる孤独の老人が長期の旅行をなす富豪に財産の委托を受け、継嗣のないために死後、保管者なく、総てを散失して、富豪は帰り来たって求むべき一毫もないようなものである。無智文盲の我々が仏陀の学行について質疑をなすことは、全くこの愚かな老人が己れの身の程も思わず、人の依托を引き受けると同様である。」

「汝等が予の臨終に際して質問することは、汝等自身の務めと云うよりも、一切生類のために必要なのである。」

「世尊の大法を伝えその護持を委嘱するには、入滅のある阿難や大迦葉の如き羅漢にせられず、永遠に法宝の護持者となり、教化を遍からしむる聖者に大法の護持は委嘱せらるべきものと思います。聖者は前の譬えの思慮なき老人と異なり『果してその任を完うし得るやを考慮して引き受ける』思慮ある壮者の如きものである。この教法護持の資格ある聖者のみが仏陀に質問し得るものと思います。」

「羅漢と聖者との能不能に鑑み、大乗の教をもろもろの聖者に委嘱することにしよう。求道者たちよ、予が寿命は量り知ることは出来ぬ。汝等、予の説く学行または目的について疑いがあれば、質問せよ。」

時に会衆の中に多羅《ターラ》村の波羅門であった若い聖者、大迦葉と云うものがいて、仏陀の擁護《みまもり》の下に、座より起ち、儀容を正して仏にもうすよう、

「私はいま、仏陀の許可を得てお尋ね致しますが、浅学非徳の身がどうして獅子王の如き巍々たる威徳を具え給う仏陀に、居並ぶ真理体得の大聖者たちを前にして、質問など出来ましょうか。唯仏の神力の下に、大聖者の指導を仰いで、愚問を発するのみである」とて、仏の長寿なるは何故なるか、また何

の因縁によって起ろうとして起り得ぬ金剛の身と堅固の力とを得らるるや、また如何にして常住不変の真理の彼岸に体達し得るか、広大な霊徳を具えて一切生類の依憑となり、邪悪の流転の因をなし、仏道と魔道との区別、仏の真理を説く所以、仏の正善を完うして四種の謬見を説く所以、また善を行じて仏性を体験すること、説明の形式、学行の円修など総て三十四の問題に関して質問を発し、その解答を求めた。

平等の慈悲

仏は迦葉の問に対して、先ずその長寿の因を説かるるよう、

「仏陀の長寿は聖者の学行を完うするによって得らるる。この理を解了せるものは更にこれを一般に普及せしめねばならぬ。予もまた実にこの学行を成就して、正覚を得たから、いまかく他のために説示しているのである。即ち長寿を得んと欲せば一切の生類をひとしく我が子と思い、楽を与え（慈）、苦を抜き（悲）、人の善を喜び（喜）、偏頗なき（捨）、四種の広大な心を生じて、万有の生成を妨げざることを教え、更にまた殺生、偸盗、邪婬、妄語、飲酒の五悪を戒め、十善業を修めしめ、また迷いの各世界における、未だ解脱を得ぬものに涅槃の楽しみを与えて、あらゆる恐怖より免れしめねばならぬ。この修養の力によって聖者は長寿を得、智慧は万有に透徹して、その寿終れば天上界に生れる。」

「世尊は『聖者は一切の生類を一様に我が子と思い、愛憎の差があってはならぬ』と申されたが、それは首肯し兼ねます。仏の制戒を破り、五逆罪を作り、仏のみ教えを謗る者などを、他と一様に見ることが出来ましょうか。仏もすでに戒律なるものを制定されて、罪過の防止を講ぜられてある。これ明らかにその行為の善悪に対して差異を認め、両者を同一視せざる証拠ではありますまいか。治罪を認むる已上、等視の言は成立しない訳である。」

「正しき人よ、ここに我が子の成業を冀うの余り、四子を厳格な師に托し、その中の一子でも真に学徳並び具えた偉人となるならば、たとい他の三子は怠慢を警むる鞭のために命を失うことがあっても、私はつゆ恨みとは思わぬと云えばとて、この父および師は果して殺人の罪名を受くるであろうか。」

「いえ、そんなことはありませぬ。父も師も共にその学徳の成就を欲するための慈愛の溢れで、毫も悪心を雑えないから罪とは云われませぬ。」

「その通りである。仏陀は正法の破壊者にも、常に極愛一子の慈悲をもって対するものである。」

「世尊が申さるるには『平等の慈悲心を養い、全生類を我が子と想い得れば長寿を得、過去の事象に通暁して永恒性を得る』と。然るに世尊は何故に寿命の極めて短い人と同じいのですか。単に結果より推せば、世尊は過去において何か生類に対して愛憎差別の念を持っていられたように思われます。昔日、如何なる悪業をなし、幾程の生を害《そこな》えるために、この百にも満たぬ寿命となられたのですか。」

「善男子よ、汝はそんな暴言を吐いてはならぬ。仏陀の生命は総ての生命の中で最上最勝なるものである。またその体得する不易の真理は、不易の中の第一である。」

「世尊よ、仏陀の寿命は何故に無量でありますか。」

「善男子よ、仏の生命は全宇宙の生命と云う生命を包括するが故に、無量寿である。また仏陀は一切生命の源泉である。空間が不変物の第一位にある如く、仏陀は常住物の最第一、醍醐が諸薬中の第一位にある如く、仏陀は一切生類の中にて寿命第一である。」

「仰せの如くならば、何故にこの世に千年も万年も止まられて、天が大雨を注ぐように妙法を宣伝せられませぬか。」

「迦葉よ、仏陀の入滅は単に相の上の変化であるから、その本質に対してかかる滅尽の想をなしてはならぬ。我が弟子の中にも、また他の教を奉ずるものの中にも、神通を得たものは、よく寿命の長短を自由になすことが出来る。まして万有の真理に透徹して、総てに対する自由を得たる仏陀が、千年、万年は愚か、無量の寿を得られないことがあろうか。仏陀は実に常住の実体、不易の実相そのもので、相の上に変化を現わすも、物質的のものでない。生類教化のために、汚れあるこの肉体に応同せられたのであるから、今はその汚れを捨てて本質に帰るのである。迦葉よ、本来、仏は常住不易の実体である。汝等はこの第一義の上に立って精進し、一心に修習してこれが体現に努め、体現しおわらば広く公衆に宣伝せねばならぬ。」

「世尊は涅槃とは諸仏の体得せる真理（法性）と申されましたが、その意義を説明して下さい。私の考えますに、法性はこの身を捨てたところに現われる。身を捨てることは存在の否定である。もし法性を存在の否定とすれば仏身のある訳がない。また仏身あれば、そこに法性があるとは云われない、身に法性あれば存在することが出来ぬから。私の考えは誤っているようで、真義を解することが出来ませぬ。」

「汝は滅尽虚無を万有の本体と考えているようだが、それは誤っている。万有の本体には決して滅なるものはない。

仏陀の境地は偏狭固陋の声聞、縁覚等の形式主義者の認識し得るものでない。仏陀そのものと万有の否定と同一視してはならぬ。差別的存在の否定、それが仏陀の境地である。従ってこの境地は唯覚者のみの世界で、声聞縁覚の認識の及ぶところでない。故に汝等はいま、仏が何の処に住し、何の処に行じ、何の処に見、何の処に楽しむと思うてはならぬ。かく云うことさえ汝等の知識の及ぶ処でなく、実に一切の差別的束縛を離れた絶対境である。

仏の常住し給う如く、その説き給う教法（法）、その教法の信奉者（僧）もまた常住不易のものである。そしてまたこの仏、法、僧の三は別なものでない。常住不変の真理の体現者、真理そのもの、真理の追求者が合致し、その間に変異を認めないとき、三宝の常住を見る。

仏は常住不易の体現者なるが故に、全人類に帰依せらるる、それは樹あるに因って樹の影を見るが如きである。闇中においては樹あるも影なきが如きも、それは事実影のないのでなく、肉眼のよく見能わぬのみ。仏性の常住不易なることも、真実の智慧によってのみ見得るので、差別的知識には仏も変化し、生死ありと見えるであろう。我が滅後において『仏陀も万有と同じく無常なり』と云うものは、真に我を知らざるもの、即ち真理に背くものである。」

第五　仏陀の確実性〈金剛身品〉

仏身の常住

釈尊は迦葉に告げらるるよう、

「善男子よ、仏身は常住にして壊《やぶ》ろうとして壊ることの出来ぬ金剛の身で、元より肉体的存在でない。即ち宇宙の実体を指して云うのである。」

迦葉はこれに対して、

「世尊よ、私はいま、仏のみ体を拝して仰せの如き身と見ることが出来ず、無常な、破壊する浮世ながらの肉体としか思われませぬ。現実に仏の死滅を見るによって。」

「迦葉よ、汝は仏の身を永恒性なき破滅のある凡人と同視してはならぬ。仏身は永劫に滅することはない。決して人間や天人の身の如き生死の怖れある肉体的存在ではない。仏身は所謂法身、即ち宇宙の実体なれば、身（生滅―仮）、非身（常住―真）とも断定し難い即ち一切の差別変化を離れ、迷妄の作為にあらず、無量無辺、無知無形にして一切の差別相を離れた絶対境である。感覚なければ心的現象起らず、従って執着もなく罪も造らぬ。即ちあらゆる差別変化を離れた認識以外のものである。故に仏身には疾病もなく、苦患《くるしみ》もなく、死滅もない。仏の病苦を示さるるはもろもろの生類を誡め諭さんがためである。」

「仏身が常住の実体、快楽安穏の積集にして、金剛不壊の身なることは了解することを得ましたが、如何にしてかかる金剛不壊の身を成就するかは知ることが出来ませぬ。」

「仏陀の教説を守護し体現するによって、この金剛身を成就することが出来る。予の現に常住不壊の仏身を成就し得たのも、実は往昔、仏の教法を守護せしに依ってである。

久遠の昔、拘尸城に歓喜増益《かんぎぞうやく》と云う仏が居られた。時にその国は五穀豊饒して人は皆その業に安んじ、生を楽しんでいた。仏は教化をおわって娑羅林中に入滅せられたが、その遺教は永く世に行われた。その時、覚徳と云う厳格な遺教の伝道僧が、仏の制誡通りに『奴隷、畜類、不正物などを蓄えてならぬ』と説いた処が、多くの破戒僧は自分等を罵るものとして、各々手に獲物を執って、法師にせまった。そこで時の国主、有徳王は護法のために、その法師を苦しむる破戒の悪僧共を撃退した。王は不幸にして傷を負うたが、無上のみ教えを聞いて、法悦の裡に命終し、阿閦《あしゅく》仏のみ国に生れ、その第一の弟子として求道の生活に入った。覚徳法師も死後阿閦仏のみ国に生れ、その第二の弟子となったことである。迦葉よ、その時の国王は予で、伝道僧は迦葉仏であったのである。仏のみ教えを護る者はかくの如き、限りなき福徳を得、よく宇宙の実体を体得する。

迦葉よ、真に仏陀の教旨を遵奉する者は、法のためには、時に武器を執って法灯護持の士を護らねばならぬ。仏の定められた吾等の制規（五戒）を守り得ても、大乗の人とは云われない。たとい五戒を持ち得ぬとも、正法を護る人は大乗の学行者である。」

僧の三の種類

「迦葉よ、僧侶に三の種類がある。一に破戒僧、これは表面、仏戒を守るが如きも、内心に私利私欲を抱くが故に、好んで破戒の者と交り親しみて事業を同じゅうする輩である。またこれを雑僧とも云う。二に愚痴僧、これは山寺に住まい、自ら持すること堅く、よく仏戒を守るも、性魯鈍にして他を導き、他の誤りを匡して懺悔せしむることの出来ないものを云う。三に清浄僧、総ての名誉心、射利心を離れ、仏戒を厳守して寸毫も犯すことなく、自ら精神的物質的のあらゆる悪魔に壊らるることなきのみならず、他をしてよく染《けがれ》なき仏戒の護持者とするものを云う。これを正法守護の大指導者と名づける。

真に仏陀の制規に遵うものは、生類の身心を浄化して、その向上進化のために、仏教道徳の内容、実行の形式、方法を学ばねばならぬ。これを学行するものを、仏教道徳の理解者と名づける。」

「仏陀の説き給う真理は限りなく、到底吾々の認識し得べきものでない。真理の体現者たる仏陀もまた吾々の認識範囲でない。実に不可思議の絶対境である。故に知る。仏陀は常住にして壊ろうとして壊り能わぬ不易の実体であることを。私はいま自らこれを学行すると共に、当に人のために広くこの義を宣伝しようと思います。」

「そうだ、仏身は確かに金剛の如く破壊し能わぬ永恒の存在である。汝は今や実相のままに正見し、正知せんとする道程にあるが、差別的知識を捨てて実相のままに認識すれば、仏陀の金剛身なること、永遠不滅の実体たることを見るは、鏡中に万有の諸相を見るが如くであろう。」

第六　経題とその内容〈名字功徳品〉

釈尊は迦葉に告げらるるよう、

「善男子よ、汝はこの経典の題名、記述、および教義を憶持するがよい。この経の題名を聞く者が再び迷いに還る道理は決してない。予はその所以を説こう。」

聖者迦葉は釈尊に尋ねて云うよう、

「それではこの経の名は何と云い、学行の有様は如何ですか。」

「この経は摩訶般涅槃《マハーパリニルバーナ》と名づける。即ち摩訶、般、涅槃の合成語であるが、三語共に経の詮さんとする真理にかなって、また合成となって一層意義の深遠を加えている。首尾具足し、顕わすところ純正にして、よく学行者の身心を浄化する力を具え、その体は金剛の如く不易に、万徳を蔵めて欠くるところがない。汝等諦らかに聴け、次に予は経名の意義を説こう。

摩訶般涅槃とは常の意で、恒河《ガンガ》、辛頭《シンズ》河等の八大河がことごとく大海に帰入するが如く、この経は一切の煩悩およびもろもろの他の誘惑およびもろもろの他の誘惑を斥けて、大般涅槃に入り、肉体的束縛を脱せしむるものである。故に大般涅槃と名づけるのである。また医師が一の秘方に総ての医術を摂めて、一方によって万病を治するが如く、仏陀もその如く、その説く種々のみ教え、深義はことごとくこの大般涅槃の中に摂めらるる。また農夫が春種を蒔き、夏より秋へ心は収穫の希望に満たさるるも、すでに果実を収むればその希望は総て息むが如く、人は余経の教えを学行する間は常に法益を希うも、この経を聞けば他の経典によって抱く希望はことごとく捨てて、無為自然の自由境に入ることが出来る。涅槃はよく生類の物欲を治するものである。また象の足が跡の中で最大なるが如く、この経典は他の諸経典の三昧中最第一である。また耕耘には秋の耕作が最も勝るるようにこの経は諸経中の最勝経である。また醍醐が諸薬の中で第一の良薬であるように、大涅槃はもろもろの煩悩を治する第一薬である。また甜酥に八種の味を具えるように、大般涅槃にもまた常、恒、安、清涼、不老、不死、無垢、快楽の八味を具えている。この経にはこれ等の美徳を具えるが故に、名づけて大般涅槃と云うのである。迦葉よ、世の男女を問わず、総てこの大般涅槃によって、肉体的束縛を脱して絶対の自由境に至らんと希うものは、当にかくの如く仏陀とその真理と真理の体現に努むる人との所謂三宝の常住なることを学修せねばならぬ。」

迦葉は釈尊の説明を如実に理解して、仏にもうすよう、

「世尊の説明によって仏陀の霊徳、その教理、および教説の遵奉者は共に凡夫の思惟し論議すべきものでなく、大涅槃もまたその通りであることを知りました。故に無明に覆われて万有の平等を見る慧眼の

未だ開けない人は、この経を学修することは出来ぬ。この経典の内容を如実に学行するものは、万有本体の平等の上に差別を見る法眼を開発することが出来るのでしょう。」

第七　涅槃とは何ぞや〈四相品〉

正法の宣揚

釈尊は迦葉に告げらるるよう、

「仏を信ずものよ、大般涅槃を説明するには四種の方面がある。一には自正、二には正他、三には能く難問に答え、四には善く法規制定の因由を知ることである。一に自正とは邪見の基となる己の身を、盛んなる火炎の如く恐るることである。我が出家の弟子は仏陀の教説に対して次の覚悟がなくてはならぬ。『我はむしろ熾然たる火炎を抱くとも、仏陀の教説に対して、この経は悪魔の所説などとは云うまい。断じて非仏説の言はなすまい。もし人が仏、法、僧の三宝の無常を説く時は、その人は自らを欺き、他を欺くものと排斥して、たとい利刃を以て我が舌を断つとも、決して三宝の無常は語るまい』と。この経を尊崇するにもかくあらねばならぬ。

迦葉よ、正他とは受学者に正しく理解せしむることである。仏陀は求法者の資性に適合する教えを説くもので、それは幼児に食物を与うるに消化力の増大するにつれて、次第に変更すると同一である。子供が成長して歩行するようになれば、消化力も強く、母乳では不足を感ずるが如く、我が教えを聞く者も、始めは常住の説を消化し理解することが出来ない。それで予はこれ等の人に対して万有は苦なり、無常なりと説いたが、次第に研究し修養した結果、大乗のみ教えを理解し得る力を生じたれば、予はいまこの経に六味を説くのである。六味とは苦は酢味、無常は鹹味、無我は苦味、楽は酣味、我は辛味、常は淡味である。無常、無我、無楽の三味は差別世界のことである。

また人が他出する時に宝蔵の鍵は善良の子に托するが如く、予もまた死に臨んで、教説の秘奥即ち仏教の根本義を形式に捕われた偏狭な教徒に托せず、必ず大乗の心をもつ聖者に宣布を委嘱する。何となれば偏狭な教徒は予が随宜の無常の説を固執して、真実に滅することなき仏陀に死滅ありと想うから。我が教えを信ずる者よ、仏陀は常住不易なりと理解するものは、仏の常在を信じ、その中に生活するものである。

三に難問に答うるとは次の如きことである。或る人が『一銭の金も費さずして大施主となる法がありましょうか』と尋ねた時、これに答えて、少欲知足なる仏教徒または波羅門の不正物を受けない者に奴婢、僕童を施せ、また禁欲行を修する者に女色を施し、酒肉を断つ者に酒肉を施し、昼食後、食事しない者に午後食物を施し、装飾を用いない人に装身具を施すがよい。さすればその名声は天下に聞え、己は毛厘も費さずして大施を成すことが出来る。これを難問に答えると云う。」

戒律の制定

時に迦葉は釈尊にもうすよう、

「世尊よ、肉食しない人は高徳な方のようですから、私は肉食者には肉を施さないがよいと思いますが、如何ですか。」

釈尊は迦葉の問を讃めて、

「そうだ、汝はよく予の意を知っている。護法の大士はそうなくてはならぬ。我が教えを信ずる者よ、予は今日より以後、我が親聞の弟子たちに肉食を禁ずる。今後、肉を施す者があっても、その肉を観て我が子の肉に対する想いをなせ。」

「仏陀は何故に肉食を禁ぜられますか。」

「肉を食するものは慈悲惻隠の根本、即ち仏性を断ずるから。先に三種の例外をゆるしたのは、弟子たちの訓練の進みに随って次第に制するからである。また十種の不浄肉（梵行品を見よ）、九種の浄肉を禁ずるも、必要に応じて次第に制するからである。総て予の制規を定むるは粗より精に、形式より精神に進めるので、要は貪る心を廃するにある。故に我が仏教の禁欲は彼耆那《ジャイナ》教の一派にある極端な禁欲主義と同視してはならぬ。この形式よりも精神を尊ぶことは無反省の者にはよき口実を与うもので、心の外に表われざるより、『我は仏のみ教えのままに精神を重んじて、形式に拘泥しない』と揚言して実は内外共に乱している。予の滅後は我が教徒の中にもかかる邪見の者が多く、仏の制規を乱し、正行、威儀を破って、仏教の存立さえ危くするに至ることであろう。仏教は本来の面目として形よりも心を重んずるも、かかる弊害を矯めるために予はいま規律の厳粛を叫ぶのである。種々の争議を事とし、魚肉穀類を蓄え、貴族、富豪に阿附し、営利事業を興し、金銭財宝を貯え、娯楽に耽るが如き、仏制に背く総ての悪事を離れ、内外共に清浄な生活をなすものが、真の仏教徒、真の仏弟子である。断肉の制定もこの意に外ならぬ。

四に規律制定の因由について多くの弟子たちが尋ねるには『戒律制定の本意がかくの如くとすれば、何故に憍薩羅《コーサラ》国の波斯匿《ハシノク》王にこの本意を説かれず、或る時は深と説き、或る時は浅と説き、或いは犯とし、或いは不犯とせられしや。破戒と云い、律条と云い、戒と云う意義をお説き下さい』と。そこで予は説いて、破戒堕落とは地獄、畜生、餓鬼等の苦の世界に赴く行為をなすこと、律条とは毘尼蔵（制規集）、修多羅蔵（経典集）、阿毘曇蔵（論文集）の三蔵中にある禁制項目や、四種の重罪、十三種の僧侶の軽罪、二種の嫌疑罪、三十種の慳惜罪、九十一種の懺悔罪、四種の懺悔法等を始め総て善を破り、因縁を撥無するなど軽重一切の犯罪を禁ずることである。戒とは知足とも云い、また浄命即ち清浄の生活とも云う。犯戒の怖るべく、順理の生活の清らかに安楽なるは言うまでもないが、予が罪を犯すもののある毎に律条を制定して、一時に制定せざりしは、犯戒の責を恐れて、罪を隠匿するもののあらんことを恐れてである。初めに説かなければ、堕獄の罪なるを知らずして、これを犯す者があるように考えらるるが、予は一切の生類を一子羅睺羅と思えば、我が子を誑かして地獄に堕すことがあろうか。犯罪のある毎にその者に懺悔せしめ、後来を誡むるために規律を制定する。それはあたかも国王が始めに施政の方針を声明し、後に犯罪者あるに随って漸次法律を制定し、そしてその後の犯行を誡しむと同じである。これを大乗涅槃経における説戒の因縁とする。」

涅槃に対する謬見

「迦葉よ、涅槃についてこう云う思想を抱くものがある。『仏が涅槃とはもろもろの煩悩を滅し尽した状態であると云えるは、火の滅し尽して何ものをも留めざるが如きものであろう。また仏は一切の存在を否定する処に涅槃があると云えば、涅槃は存在の否定であるのに何故、涅槃は常住不易であるか。また衣服も破れてその形を失えば物として存在しないように、煩悩の滅し尽した涅槃もそうであろう。また仏は一切の欲望を離れ尽した寂滅の状態を涅槃と云われたが、それは人の首を斬れば首のないのと同様なれば、涅槃は空にして何物もないのであろう。また仏は鉄を灼熱して椎打すれば火花と化して、散り尽して何物も留めないように、真の解脱涅槃ももろもろの物欲の泥游を渡りて、動転なき世界に至れば目的達成の念さえ止《とど》めないと説かれた。果して然らば涅槃をどうして常住と云われよう』と。迦葉よ、この考え方は誤りであるから、汝は予の説明を斯く解してはならぬ。煩悩を滅し尽して一切の差別相を認めないのを存在を否定すると云ったので、火花と散り失せるとは仏はあらゆる妄染《けがれ》を離れて、迷界の存在でないことを意味するのである。故に仏陀は差別変化の拘束を脱した、真に常住不易の真理そのものである。即ち仏陀は宇宙の真理を師とし、これを体現せるものである。真理が永恒不滅とすれば、その体現者なる仏陀が常住不易なることは多言を要しない。真理そのものを体得せないものは、時に煩悩を滅すことあるも、再び煩悩を起しそれに染《けが》さるることがある。しかし真理を体得せる仏陀は、煩悩を滅し終って再び生ずることがない。即ち真実の寂滅、煩悩の徹底的断滅、それが仏陀であり涅槃である。」

「世尊よ、世尊の懇切な説明によって、仏陀の常住なることを了解しましたが、なお一の疑問があります。仏は『予は已《すで》に業《すで》に長く煩悩の大海を渡る』と申されたが、すでに煩悩の海を渡られし仏陀が何故に、耶輸陀羅《ヤシュダラ》を納れ羅睺羅《ラゴラ》を生まれましたか。」

「迦葉よ、かかる仏陀の尊厳を冒瀆するが如き考えをもってはならぬ。予は更に涅槃を詳説して、その本義を明らかにしよう。

涅槃の境地に在れば宇宙の大を総て芥子に摂めて狭しとしない。その天地は初めて生じ新しく来現するものでなく、本来自然の存在に外ならぬ。生死去来の変化の相は教化を受くるものの眼に映ずる仮りの相で、仏陀そのものは常住にして限りなき霊能を具えている。大涅槃に在る仏陀は限りなき霊能により、種々の世間的行動を現さるるも、それは愛欲に昵《なず》むためではない。予が羅睺羅を生むも愛欲の和合によってにあらず。予はすでに久しく大涅槃を証して、種々の霊能を現わしている。その詳細は『首楞《しゅりょう》厳経《ごんきょう》』に説いてある。予はこの世界の生類を救済せんがために、托胎、出生、修学、出家、学道、降魔、正覚などの世間的経過を示し、また成道後、教化に就いて種々の相を現わすも、予はすでに無限の過去にそれ等の総てをなし尽している。我がこの身は愛欲を離れた真理体得の法身である。唯この世に順応して、種々の相を現わすのみ。故に羅睺羅を仏の子と云ってはならぬ。」

常住の意義

「世尊よ、常住の意味をいま一度説明して下さい。仏が『灯火の滅して無に帰するが如し』と説かれた譬えから推せば、仏の入滅せられた後には何物も残らないように思われますが。」

「そんな考え方をしてはならぬ。灯器に油を満たして点火すれば、油のある間は光輝き、油が尽れば光りも滅する。煩悩の滅するは光の滅するに比すべく、光は滅するも灯器はなお存するが如く、仏陀も煩悩の汚は滅するも、法身は常に厳存する。汝は光と共に灯器も滅すると思うか。」

「いえ、倶に滅しませぬが無常とは考えます。灯器は無常の物なれば、それに比する法身もまた無常ではありませぬか。」

「それは余りに穿ち過ぎた非難である。世間に器と云うが、仏陀は無上の法器である。世間の器は無常であるが、仏陀は然らず。汝が涅槃の常住なることを認むる以上は、これを体現する仏陀の常住なることに異論はあるまい。なおまた予が灯滅に譬えたのは羅漢の証《さと》る涅槃についてである。大涅槃の譬えとして灯滅を説いたことはない。」

その時、迦葉は釈尊にもうすよう、

「世尊はかつて『諸仏に秘密蔵がある』と云われましたが、私にはそう思われませぬ。仏教にはすこしの秘密もなく、広く生類全部に知らしむるが、本義ではありませんか。」

「確かに汝の云う通りで、仏陀には秘密の蔵なるものはない。仏陀は玲瓏たる秋の満月の如く澄み亘って一点の陰翳を止めない。智見の低い者が理解し得ぬのを秘密蔵と云うので、智者の前には秘密の蔵はない。そもそも秘蔵とは金銭を慳悋蓄積すること、不具《かたわ》を羞じて人に見せないこと、債務者が債権者を怖れて隠るること、陰部の醜悪を衣にて覆うこと、波羅門の欠点の暴露を憂えてその秘典を他の三種族に秘することなどに用いらるる語であるが、仏陀には慳吝の心なく、真理を体現して欠くる処なく、無上の真理も生類に開陳し、永く性欲を断ち、その説く処は完全にして一点も真理に背く所がない、即ち秘蔵すべき何ものもない。富豪が全財産を一子のために開示するが如く、仏は全人類を一子として所証の真理をことごとく説示して秘する所はない。

また富豪がその子の学業の上達を念い、半字を教えて、しかも毘伽羅論《びぎゃらろん》（言語学）を教えないのは、秘吝のためでないように、仏も浅学の弟子には半字即ち九部の経典を説いて毘伽羅論に比すべき高遠な大乗経典は説かぬ。これは法を慳しみ秘するのでなく受学に堪えないからである。予も先ず半字九部経を説き、次に高遠な大乗の深義を説こう。また天の竜王が大雨を降して種子に芽ぐませ、果実を得させるように、予は大涅槃経を説いて、法を求むの士に法悦を与える。故にその法悦を得ないのは予の咎ではない。」

「世尊の説明によって、私は仏陀に秘密蔵なきことを了解しました。——」

「迦葉よ、言う所の大とは寿命の無量を意味し、涅槃とは瘡疣苦悩なきことを云うのである。毒箭に射られた時、名医の治療によって瘡苦を免れて快癒を得るように、仏陀は正覚を成就すれば大医王として世の苦しみ悩む生類の煩悩の毒箭を抜き、大乗経の甘露の法薬もてこれを快癒せしむる。これが大般涅槃である。故に大般涅槃とは解脱自由の境を指すのである。

迦葉よ、この世界の生類に二種ある。一は有信、一は無信。有信の人は煩悩の瘡疣を治療し癒治し得るから可治と云い、無信の人は一闡提と云い、煩悩の瘡疣を治することを得ないから、不可治と云わる。」

小乗の解脱と大乗の解脱

「世尊よ、涅槃は解脱の意味と云われますが、その解脱は物質的のものですか、精神的のものですか。」

「肉体のあるものもあり、また肉体のないのもある。非物質のものは小乗の解脱で、大乗の解脱には物質の存在を許す。故に解脱にも物質と精神の二つがある。唯もろもろの浅学の弟子に非物質と説くのである。

正しきものよ、真の解脱とはあらゆる束縛を脱却することである。真の解脱即ち一切の繋縛を脱すれば、父母の和合によって生ずるが如き生はない。故にまた不生とも云う。また解脱を虚無と云うことがある。一切の差別的存在を否定し尽した虚無が解脱である。解脱は則ち仏陀である。仏陀は差別的偏見を脱離せるものであるから、解脱は安穏とも名づける。真の安穏は清浄の処にある。解脱には一切の妄染《けがれ》なく、従って畏るべき何物もない故に解脱を安穏と云う。仏陀もまたそうである。

また解脱には不定はない。不定とは一闡提と重罪を犯した者との不成仏を云う。仏のみ教えによって心に信仰の芽ぐむとき、または居士となり得るとき一闡提ではなくなり、重犯者もその罪の滅するとき成仏を得る。故に決定的に不成仏と云うことはない。解脱は全生類にあまねく、決定的に漏す一類もない。一闡提とはあらゆる正善の根本を断滅して、心に毫も善事を思わぬ輩を云う。また解脱は大海の量り得ざる如く、広大にして辺際がない。また解脱を不可執と云う。即ち幻の捕え難きが如く、執着すれば真の解脱ではない。

また解脱は一味平等のもので、二、三異なるものでない。絶対究竟の境は唯一であらねばならぬ。また解脱は絶対唯一の帰依処で、他に依憑を求むる必要がない。国王保護の下にあれば身命財産の安全を得て、他の依恃を要せざるが如く、国王はなお権威の消長あるも、解脱には変化がない。また解脱は絶対清浄のものである。獄に繋がれた者が繋を脱がれ、身を浄めて後、家に還るように、解脱は一切の繋縛、垢穢を離れた絶対清浄のものを云う。また解脱は不空空と名づける。空空は無存在で、これは耆那《ジャイナ》教などの説く解脱である。存在を否定するものに真の解脱はない。故に空空と云う。すなわち真の解脱は不空空である。不空空は解脱であり、真理の体現である。また解脱を不空と云う。水瓶《がめ》の内に水なきときもなおその名をたもち、しかもその瓶は、一物体として存すれば空とも、また内に水なければ不空とも云われないように、解脱もまた物質とも精神とも、また空とも不空とも云うことは出来ぬ。もし空と云えば常、楽、我、浄の四徳はなくなり、もし不空と云えば誰かこの四徳を受くるものがなくてはならぬ。故に空でもなく、不空でもない。強いて云わば空は因果的一切の存在、もろもろの煩悩、一切の苦、一切の相、一切の差別変化のなきこと。また不空は真実、浄化された物質、常、楽、我、浄、不動、不変のあることでなくてはならぬ。瓶は時機が来れば壊れるが、解脱には破壊変化はない。

解脱を欣求するものは生死煩悩を怖れ、解脱の三方面なる仏、法、僧の三宝を信仰し、これに依憑せねばならぬ。即ち自己の全生活を涅槃体現の道程とせねばならぬ。かくしてそこに安楽の天地は開ける。安楽は即ち解脱である。真の解脱は真理の体現で真理の体現が即ち涅槃である。涅槃は無辺、無辺にして万有にあまねきものは仏性、仏性あるものは必ず成仏する。」

「世尊は安楽を涅槃と云われますが、変化の堆積する身も苦楽を分別する智もないものがどうして楽を受けられましょうか。」

「予の云ぅ安楽とは食い合せをして苦しむものが、腹中のものを吐き出して恢復した気持と同様である。苦しみの原因である差別的の存在を捨離した処に本来の涅槃安楽が現わるる。」

「解脱を不生不滅とすれば、不生不滅の虚空は仏陀の本性、解脱涅槃でありますか。」

「以ての外である。汝の問いは迦陵頻迦《かりょうびんが》の声と烏の声との比較の如く、芥子と宇宙との比較の如く天地霄壌の差がある。元来真の解脱はこの世界に比すべきものはない。予が前に虚空に譬えたのも、理解を助けるために、幾分の相似の点ある処から例示したに過ぎぬ。『容貌の端麗月の如く白象の清鮮雪山の如し』と云えばとて、容貌と月、白象と雲山とを同一と見る愚かものはあるまい。

正しき人よ、予は種々の手段方法に依り、また因縁譬喩に依って解脱の説明をしたが、譬えを事実と同視してはならぬ。解脱には限りなき性能と霊徳とを完うしている。従って解脱の体現者たる仏陀も無景の霊徳霊能を具え給う。かくの如く限りなき性能と霊徳とに満たさるるが故に、大般涅槃と名づける。」

「世尊よ、私はいま始めて真理体現者の天地の限りなく、寿命の限りなきことを理解することが出来ました。」

第八　依憑の標準〈四依品〉

四依とは何ぞ

　釈尊は迦葉に告げらるるよう、

「正しき人よ、この『大般涅槃微妙経《だいはつねはんみみょうぎょう》』の中に四種の人がある。この四人は仏教を擁護し、宣揚し、学行するとともに、更に世道の頽廃に悩む社会を憐み、世を利し人を喜ばしむる人である。かく世の依憑者となる人であるから四依と云う。

　第一依は仏道に志し、無限の向上に努むるも未だ微細な智的妄見に捉われている人、第二依は一切の智的迷妄を捨てて聖者の流類となった須陀洹《しゅだおん》（預流）と、なお微細な物質的欲望を残すために一進一退する斯陀含《しだごん》（一来）、第三依は一切の物欲を離れて再び退堕することなき阿那含《あなごん》（不還）、第四は知識上および実行上の一切の迷妄を断尽して世の尊崇を受くに足る智徳を完全に具えた阿羅漢（応供）である。

これ等の四人は分に応じて世の依憑者たる学徳を具え、よく社会を指導して真の平和をもたらすことが出来る。故に人中の最勝者とも名づけらるる。仏陀を人中の最勝者と名づけ絶対の依憑者となすが如きものである」。

「世尊はかつて『瞿師羅経《くしら》』の中に『悪魔が仏の姿を現わして衆を惑わすことがあるから、十分警戒をせねばならぬ』と説かれましたが、それによればこの四依の人も悪魔でないとも限らぬから、私は四依の言行を全然信ずることは出来ませぬ。」

「正しき信仰者よ、予がかつて降魔の説をなしたのは、小乗浅学の弟子達のためで、大乗を学行するものに対してではない。大乗を学行する人は深遠な教理を聞き、徹底せる信仰生活をなすが故に、恐るべき悪魔、陥るべき誘惑がない。大乗の学行にはかかる奇特な力を有するが故に、予が滅後にこれを説く大乗の経典を聞いて、信仰を起すものは無限に向上の学道を辿り、永遠に悪道に堕落することはない。」

「世尊よ、世尊の滅後、無数の大涅槃経の誹謗者が出ると云うことですが、それは何年頃《いっ》ですか。また如何なる純真な教徒によってその誹謗者は救われますか。」

「この経典は予が入滅して四十年の間盛んに行われて、その後は地中に隠没する。その間は無数の予の教徒と称するものはあるが、多くは教義の浅深高下を究めず、徒に自己の好む処に従い、たまたま大乗経を奉ずるものあるも、生活のため栄誉のためにして真実、法の普及に努むるものがない。わずかに一人の聖者の力によって命脈を維持するのみである。

一度地中に没したこの経典は、予が教化の影響の最も大なる滅後五百年を過ぎて後四十年に再び世に現われて大感化を与えるであろう。

予の感化がようやく薄くなった時、予が最も力を用いし戒律も頽れ、世を挙げて栄誉利達に走り一人の護法の士も現われない時、この四人の中の一人が現われて出家剃髪して仏道に励むも、敢えて破戒非律の徒を排斥せず、進んでその群に投じておもむろに教化を施し、正法恢興の時期を待つであろう。それは仇を報ずるものが自ら進んで仇敵の命に従い、偽りて帰順の意を表し、おもむろに時機を待ちて、遂に目的を達すると同様である。」

破戒と信仰

「世尊よ、破戒の徒と行動を倶にして持律の生活に弛緩を生じた時は、先に誓った戒律生活は完うせられているのですか、どうですか。」

「かかる場合においては始めに誓った戒律を乱し失うものでない。たとい過って戒を犯すことあるも、懺悔すればよい。懺悔すれば罪を清め、戒を失うことはない。旧き提防に孔を生じて漏水あるも、これを修築すれば水を失わざると同様である。迦葉よ、乗即ち信仰に緩なるものをこそ緩と名づくれ、戒即ち実行に緩なるものは緩とは名づけぬ。されば熱烈な信仰の下に法を護り、ために破戒することがあろうともそれを緩かだと責むることは出来ぬ。」

「世尊はかつて『法に依りて人に依らず、義に依りて語に依らず、智に依りて識に依らず、了義経に依りて不了義経に依らず』と四依を説かれましたが、これは真理に依るべきことを述べられたので、人を挙げたのでありませぬ。然るに今は四依に人を説かれましたが、その関係はどうなのですか。」

「法に依るとは仏陀の大涅槃即ち仏の説き給う宇宙の本体に依ることである。万有の本体とは仏陀である。仏陀は常住不変の真理の体現者である。不レ依レ人とはこの万有の本体を知らざるものには依るなと云うことである。然るに上に説く四人はこの経典の深義に透徹して仏陀の常住不変を知るが故に依憑とすることが出来る。即ち依法の法は万有の本体を云い、不依人の人は仏陀の常住を知らぬ浅学の教徒（声聞）を指すのである。

義に依って語に依らずとは絶対の真理即ち仏陀の常住不変に依って、徒らに世間に阿附し浮薄な思想に迎合する綺飾の文辞に依るなと云うことである。

智に依って識に依らずとは仏陀の本性、法身の体たる真実智に依って、差別的知識に基き、仏陀の化現身より推して仏身を全然、差別変化の積聚、食に養わるる肉体と見るものに依るなと云うことである。

了義経に依って不了義経に依らずとは真実智の境地即ち仏陀を如実に顕わす経典に依って、完全に顕わし得ぬ経典に依るなと云うことである。聖者の真実智、無上の大乗、仏陀の常住不変を明らかにし、また仏陀の入滅は『仏陀が万有の本体たる所以を一層詮顕するものである』と説くが如きを了義と云い、仏陀を無常変化ありと見、仏陀の入滅を薪尽きて火の滅するが如しと云う小乗の経典は不了義経である。

予は未だ信仰生活に入らざる一般人士指導のためにこの四依を説くので、すでに我が教に入り万有平等の実相を観るもののためでない。

予は終りに再言する、法とは万有の本体、義とは仏陀の常住不変、智とは一切の生類にことごとく仏性ありと知ること、了義とは総ての大乗経典を理解し体達することであると。」

第九　正邪の甄別〈邪正品〉〈四諦品〉

破法の魔

釈尊は迦葉の「如何にして邪正を弁別するか」の問に答えて、「予が入滅して七百年の後、予の教法を壊乱する悪魔が現わるるであろう。その悪魔は猟師の法衣を着けたように、内に種々の邪悪を抱きながら外には僧尼、羅漢、聖者または仏の相を現わす」と述べ、更に広く仏の出生、その時の瑞祥、納妃、制戒、徳化、教説、教徒の罪過と福祉等に対する観察の正邪を甄別《けんべつ》して邪を斥け正を讃え、次に仏性の普遍を説いて、その顕現について説かれるよう、

「一切の生類は総て仏性を具えて居る。しかしそれを顕現《あらわ》し、遂に正覚成就《さとりをひらく》に至らしむるものは戒律を持つより外に道はない。仏教経典を分類して九部となしているが、その中に大乗経のないために、その中には仏性の普遍を説いてない。九部経典の中に説かざるも、仏性は普遍にして一切の生類に有ると信

じて、これを主張するものは予の真実の弟子である」と。

釈尊は更に九部経典中に仏性の普遍を説かざる理由と仏性顕現の実行を忘れ仏性あるもの直に無上の正覚を成就するとなす誤謬を述べ、次に教法を私慾の遂行に利用する罪過と、仏教の精神を開闡し仏陀教説の大義を光揚する真の護法者の心事等を説き、そして悪魔の説と仏陀の教説との差異を明らかにせられた。

迦葉は釈尊の説教を聞き終って言うよう、

「世尊よ、私は今始めて魔説と仏説との差異を知ることが出来ました。これに因って私は仏教の深義を体得することが出来ましょう。」

四種の真理

釈尊は会心の喜びをもって迦葉に説かるるよう、

「世に謂う所の苦と予の説く世界観の苦の真理とは異っている。仏陀の深遠な境地、常住不易の実体を知らずして、徒に真理を真理に非ずとし、真理に非ざるものを真理とするが即ち苦である。何となれば真理に背いて、悪道に陥り迷の世界に流転して多くの苦悩を受くるから。この苦の道理を知るを苦聖諦と云う。

仏の教法を破却するによって万有の本体を知らず、そのために生死に輪廻して多くの苦悩を受くるので、真理の常住にして不易なることを知れば真の解脱を得ると知るを『集を知る』と名づけ、集聖諦と云う。この道理を知らざるを名づけて集即ち煩悩と云う。

誤れる苦の思想を習学するは不善である。何となれば一切万有の存在を否定し仏陀の教説を破壊するから。空を修学するは外教徒および我が浅学の弟子（声聞）で、これに逆らう大乗の教徒は苦滅を修学するのである。故に滅諦は空を修することではない。仏陀を無我空寂のものと見るものは流転して苦を受くるも、この誤謬に陥らず仏陀の本来の面目を知るものは一切の煩悩を滅する。これを苦滅聖諦と云う。即ち滅は煩悩の滅で、存在の否定ではない。

道聖諦とは仏、法、僧および解脱涅槃を云う。迷に対する価値観の顚倒によって真理にあらざるものを真理と信じ、そのために限りなき罪悪を積み、苦の結果を招いている。この顚倒観を捨てて、仏陀、教法、学行者の常住を信ずれば、その一念によって自由の境地即ち仏陀の正覚を成就する。これが道理聖諦である。これに反して三宝の無常を学修するのは虚妄修にして道聖諦ではない。

かくの如く四諦を理解し、学行するは真の我が弟子である。」

「世尊よ、私はいま初めて深遠な四種の世界観の真理（四諦）を知ることが出来ました。」

第十　万有の本体〈如来性品〉

仏性

迦葉は釈尊に尋ねるよう、

「世尊よ、宇宙のあらゆる存在には我即ち本体があるのですか。」

「善男子よ、我とは仏性のことであるか、それなれば一切の生類にはことごとく仏性があるから、総てのものは我を有《も》っている。しかし無始以来、限りなき迷妄に覆われて、見ることが出来ない。予がかつて無我の法を説いたのは、差別界の迷妄を除いて、超世間の真理を示さんがためと、主観的迷妄の真実にあらざることを示さんがためとであった。即ち前の我は主観的迷妄にして、今のはその迷妄を除いて現わるる真実の主体に名づけたのである。」

「世尊よ、私にはものに主体があるように思われませぬ。何故なれば嬰児の生れた時には知覚がないから。もし主体があるとすれば出生の時にも知覚がなくてはならぬ。もし必ず主体があれば生れて後、死没はないはずである。もしまた仏性が常住であるならば、変化差別はないはずである。然るに人に階級の差別があり生類の中に禽獣、虫魚と差別するは何故でしょうか。もし必ず主体があれば生類に勝劣の別はない訳である。また仏性常住と云わば、何に縁って内心に殺生、偸盗、邪淫などの十悪を起し、また酒などの外的刺戟に縁って迷乱するのでしょうか。もし主体が常住だとすれば盲者も色を見るべく、聾者も声を聞くべく、唖者も語るべく、拘躄《ちんば》も歩くことが出来ように。また定まれる危難、迫害を避くことも出来まい。また過去の事柄を忘れたり、老少盛衰の変化はないはずである。もし主体が常住だとすれば何処に常住するのでしょう。涕唾血肉、筋骨の何処に在るのでしょうか。もし主体常住とすれば、身体に遍満して空処はないはずである。果して然らばこの肉体の死滅と共に、主体も滅すべきである。何れより見るも我は常住でないようであります。」

「迦葉よ、汝の斯く考えるのは力士が他の力士と相撲して飾の宝玉をその膚中に押ん《ママ》込まれてあるのに、その玉の所在を探し、幻化にあらざるかと驚き歎くが如きものである。総ての人が仏性を有《も》ちながら見ることの出来ないのは煩悩迷妄に覆わるるからで、この迷妄の差異が現在の境遇、地位の差別と現わるる。外教徒が有我を説くも、未だ我の真性を知らない。予の今説く有我は彼等の有我説と根本的に異って、彼等の我を否定した上に真実我の存在を説くのである。故に予の弟子の中にて無我を学して無我を説く所以を知らず、従って無我の真性を知らないものは、真に我が仏教の本義を体認したものでない。無我の真性を知らずしてどうして有我の真性が理解せられよう。煩悩に覆われた仏性は、煩悩の覆蔽を除き去るとき、始めて昭々とその光を発する。しかし仏性そのものは絶対の境であるから、汝等の究明し認識し得べきものでなく、唯仏の教説に随順し信仰するの外はない。

また仏性は何物にも破壊せらるることはない。故にこれを殺して断滅さすことは出来ぬ。かく壊《やぶ》ろうとして壊り能わぬ厳然たる存在であるが、これを見ることは出来ぬ。唯無限に向上を志願する時、自ずとその相を現わすものである。」

「世尊よ、一切生類の本体たる仏性は殺さるることがないとすれば、世に殺生罪はないはずでありますが。」

「否、殺生は常に行われている。生類の仏性は差別変化ある物質、精神の五種（五陰）の仮りに和合したものの中にある。この五種の和合を破るのが殺生である。汝は外教徒が『我に大小ありてその相《すがた》は稗子の如く、また米、豆或いは拇指の如し』と云うが如く、我に一定の形があると思うから、かかる疑問を生ずる。予の説く我は宇宙の実体である。真理である。また人が地中に宝石の埋没するを知って、あらゆる穿鑿の器具を用い掘り下げるに砂礫、岩石は容易に貫くも、一大磐石に達すれば穿徹すること能わざるが如く、生類の有《も》つ仏性もまた、あらゆる智者、学者、神霊、魔王が弁難攻撃して否定しようとしても、ために秋毫も侵さるることはない。実に仏性は厳然として一切生類に存在する。

迦葉よ、仏性はかくの如きものなれば、これを説く大乗経典は甘露ともなり毒薬ともなる。汝、その真義を知らんと欲せば、説明しよう。」

かくて釈尊は迦葉の請により、説明せらるるよう、

「世には甘露を服して夭死するものもあれば、また長寿を得るものもある。常往の仏性を説く大乗経典は甘露である。甘露である大乗経典も時に毒薬となることがある。それは長生不老の甘露の妙薬も消化せざれば毒となると同様である。智者に甘露である大乗経典は愚者には却って毒薬となる。小乗浅学の徒も大乗経典を聞いてよくその真義を解すれば仏性常住を証知《さと》りて成仏することが出来る。」

三宝の一体

「迦葉よ、汝はいま汝が尊信する仏、法、僧の三宝の真偽を識別せねばならぬ。そもそも三宝の本体と我の本体とは一体にして、仏、法、僧、我の四は一体の異名に過ぎぬ。諦らかに三宝一体にして、しかも我即ち真理体得の自覚の上に現わるることを体認すれば、仏陀の境地に入ることが出来る。即ち真実の自己なるものを覚り、無限に向上の一路を辿る時、その人は差別変化のこの世界を超出することを得る。

汝はなお三宝の別体を固執して次第に帰依するの妥当を信ずるようなれば、予は更に汝がために、迷妄に覆わるる仏性を開示して、その真実相を明らかにしよう。汝および一切の聖者の真理体得の上（法

身）に名づけらるる名と、予の覚者としての名は同一で、唯時に現末の差があるのみ。この三宝一体の仏に帰依する人こそ真に予の弟子である。従って他の悪魔、神霊の説に耳傾くる必要はない。法に帰依するとは真理順応の正行をなすことで、真実の自我を覚るときは自ら作為することなく正しく事象に応じて、殺生などの邪行を働くことはない。僧に帰するとき、真実の道を指示されて、他に道を求むる要はない。これ三宝一体にして、しかも真我と異ならざるがためである。三宝はかく一体なれば、小乗浅学のものの如く、これを区別してはならぬ。大乗の聖者たるものは次の如き覚悟がなくてはならぬ。『我は現在、仏に帰依するも、将来正覚を成就して成仏しおわれば、仏々平等の故に、我は諸仏を尊敬し、礼拝し、供養はせぬ』と。」

「世尊よ、私は自ら知らずして尋ねたのではありませぬ。大乗経典の深義を称揚せんがために、世尊の説教を願ったのであります。もし人がこの大涅槃経を信奉すれば、必ず三宝帰依処の那辺にあるかを体認することであろう。何となればこの経典には『一切の生類に仏性有り』と説いてあるから。この人はまた将来、その身に三宝を顕現することを知って、遠くに帰依処を求むることはない。

故に小乗の形式に捕わるる人、思索を事とする人を始め余の一切の人は各自の真性を求め、それに依憑して恭敬、礼拝の誠を致すべきである。会する人々よ、大乗経典にはかかる深義を説くが故に、これを尊信し闡揚せねばならぬ。」

理解より体現へ

「迦葉よ、汝はすでに大乗の深義を理解したれば、更にそを体現する方法を説こう。もし我在りとすれば常住にして、永く肉体苦を離れ難く、もし我なしとすれば善行をなすもその結果を受くべきものがなくなる。我と云うも不可、無我と云うもまた不可である。万有無我と云わば恐るべき虚無思想（断見）となり、我の存在を許せば万有の永遠不滅を固執する常見となる。また一切現象は無常と云い、苦と云うは断滅論で、現象は常住と云い、楽と云うは不滅論となる。この断、常の二は共に一辺に偏したる邪見で、何れも正しい思想でない。人は一辺に偏し易く、断と常とは互いに前後するが故に、常住を学びて得られず却って断見に堕し、否定せんと欲して遂に得られず却って常見に堕している。

かく一方に偏し易きが故に、両者を併せ学修するがよい。即ち苦なる迷妄を事とするは不善、楽なる涅槃を求むるは善、無我の迷妄に耽るは煩悩、常住の涅槃を念ずるは仏陀の聖行である。迷妄を事とするものは流転の果報を得るも、涅槃を体現するものは仏、法、僧および解脱となって、別の本体、相状はなく、ただ無限に向上の一路を辿る菩提そのものである。存（常）否（断）の両極端を捨てた中正の立場に在って、始めて真理は究明せられ、体現せらるる。

もし十善十悪、善道悪道、醜美と並び挙ぐる時浅学の者は二体とするも、智者は両者、その体一にして二なしと見て、真実を究める。また万有は苦なりと云わば浅学の者は苦楽相対して二とするも、智者は苦楽はその体二なしと見て、真実の実体を究める。また『一切の現象および涅槃は無常なり』『一切万有および涅槃は無我なり』と云わば浅学の者は無常と常、無我と我を別体とするも、智者は両者は体別なく無二一体としてその実体に体達する。涅槃を説きて真我を説くも、無我と別なるものでない。有無何れとも固執すべからざる絶対境、それが涅槃である。予はかつてこの我、無我の二相なきことを『摩訶般若波羅密経』の中に説いたことがある。

次に本体を異にしない我と無我の関係は、牛乳より酪を生じ、酪より生酥を得、生酥より熟酥を得、熟酥より醍醐を得るが如くである。この乳より酪を生ずるのは乳の中に酪の要素を有《も》ち、牛の甘草を食して乳に甘味あるがためである。もろもろの生類も真理を知ると知らざるとによりて我と無我との別を生ずる。故に真理に背ける無明が真理を体認しこれに順応する時、明となるので、明は無明の一転せるものに過ぎない。

迦葉よ、汝が『乳より酪を生ずる』と云うに対する疑問は道理《もっとも》である。乳の中には酪ありとも、またないとも決定的に云うことは出来ぬ。唯『因縁より生ずる』と云う外はない。因縁とは牛が草を食うことで、この因縁によって牛の血は白に変じ、草血共に滅してそこに乳を変成する。乳は草と血より出づるも、二者より出づるとは云われぬ。唯『因縁に因る』と云うのみ。酪より醍醐に至るも同様である。

この乳が滅しおわりて醪《もろみ》または煥の因縁よりして酪が出来る。明と無明もこれと同じく、煩悩と倶なるを無明とし、一切の善法と倶なるを明とする。故に我と無我は因縁の差で、永く別なるものでない。」

「世尊よ、仏性は高遠深微にして浅学の者の認識し、体得し難いものであるが、その度合はどんなでありますか。」

「迦葉よ、それは良医が盲人の眼膜を切って、これに示すに一指より二指、二指より三指となして盲人始めて『少しく見る』と云うが如くである。多くの聖者が大乗的善行をなして、十住即ち理解の境地に至るも、なお仏性を見ることは出来ぬ。この時に仏の説を聞けば少しく見ることを得る。この聖者が学行転進して十地即ち真証の生活に至るも、なお明瞭に仏性を体認することは出来ぬ。いわんや保守固陋の声聞や思索に耽る縁覚の人々がどうして能く見ることを得よう。——」

「世尊よ、仏性はかく深遠微妙にして知り難いが、どうかして肉眼で見る方法はありますまいか。」

「迦葉よ、観念世界の最高所たる非想非々想天でさえ、小乗の人は自力ではよく認識することが出来ぬ。仏の教説に随い、信仰をもて知ることが出来るように、声聞、縁覚の人も『大涅槃経』の説にまかせて、仏の所解所得を仰信すれば、自ら己れの身に仏性あることを知ることが出来る。故に人々よ、仏の教説即ち『大涅槃経』を信順して、仏性の体現に精進せよ。仏性は声聞、縁覚の認識範囲に非ずして、唯仏陀の所知である。」

第十一　我と無我と仏性〈文字品〉〈鳥喩品〉〈月喩品〉

無我と真我

釈尊はまた迦葉に告げらるるよう、

「予の先に無我と説くは今の真我を知らしめんがためにして、真我は無我によりて始めて開顕せらるる。故に両者は相離れず相資《たす》けて一の真理を語るものである。苦、無常、無我等が楽、常、我等と相離るることなきは、迦隣提《かりんだい》（鳥の名）鴛鴦《おしどり》の倶に遊行止宿して寸時も離るることなきが如くである。一が苦なれば他は楽、一が常なれば他は無常、一が無我なれば他は有我にして互いに異なることは、米は麦に異なり、麦は豆に異なると同様である。しかし米、麦、豆の芽より茎、華に成る、未だ果実を結ばざる間は次第に変化する、即ち無常であるが、雨露の恵みよろしくして成熟すればその実性は現われて果実となる。これを常と名づける。

「世尊よ、世尊はかつて仏に憂悲のあることを云われたように記憶していますが、何故に、仏に迷の世界の事柄である憂いや悲しみがあると云わるるのですか。」

「迦葉よ、意識世界における無想の境には寿命を説くもその場所は云われない。また樹神の住所を枝、葉、茎と定めて云うことは出来ぬ。樹神にせよ、無想天の寿命にせよ定所がないから存在しないとは云われまい。仏教の説く所も体験の境で、認識の範囲でない。実際、仏には憂悲苦悩はない、しかも生類に対する大慈悲を起し、一子羅睺羅に対するが如き憂悲をもって生類を視ている。迦葉よ、仏陀は本質として清浄にして秋毫の染《けがれ》もない。故にどうして憂悲苦悩があろうか。しかしもしこれなしと云わば、どうして一切の生類に恵みを与え仏教を弘むることが出来ようか。仏はその慈悲の平等にして偏頗なきことを説いて、常に『生類を視ること羅睺羅の如し』と云うに、もし憂悲なしとすればその慈悲もなく、仏は虚妄の語を弄するも甚しいと非難するであろう。この非難は絶対円満の境を差別的偏狭な知識をもって見るから起るので、予の仏に『憂悲なし』と説くも真実なれば『等しく生類を視ること羅睺羅の如し』と云うも虚妄の言ではない。実に仏陀の境地は唯仏のみ知ろしめして余人の知り得べき処でない。即ち認識の世界にあらずして体験の境地である。故に仏陀も、その現わす真理も生類の本体も皆不可思議である。真理の体現者には憂悲なくして憂悲がある、これが仏陀の境地である。浅学の者の知る所でなく、唯仰いで信ずるの外はない。」

「迦葉よ、一切の現象は苦の世界にして涅槃は楽の境である。何となれば涅槃は真理が顕現して苦の事象を絶滅せしむるから。差別現象の結合するところに老死がある。老と云い死と云うも単に肉体の衰変、死滅を云うのではない。

常に緊張して精進なるを不死と云い、怠惰して緊張せざるを死と名づける。故に真理を求めて精進なるものは不死の処を得、怠惰にして差別迷妄を事とするものは死路に赴く。」

仏性と月

釈尊は次に月に喩えて仏性を説かるるよう、

「迦葉よ、人は月の現われないのを見て、月は『没して居る』と云って没想をなし、回転して現わるれば『月が出た』と謂って居るが、月そのものとしては出没なく常に天に輝いて居る。実は常在するものが地球に障えらるるために出没の相をなすのである。仏陀もそうで、生類教化のためにこの世に生れ、また入滅の相を示さるるも、仏陀そのものには出生もなく入滅もなく、実に常住である。

また人は月の盈虧《えいき》によって一日、十五日を定め、新月、満月の想をなすが、月そのものには盈虧なく常に満月である、仏陀の出生は新月の如く、生れて七歩するは二日の月の如く、修学は三日月の如く、出家は八日の月の如く、あらゆる悪魔を降伏して真実智を証《さと》るは満月の如く、入滅は月蝕の如きもので、生類の見る所は同一でないが、月に盈虧侵蝕なく常に盛満なる如く、仏陀そのものの体には変化なく常住である。

また人が道を行くに月は常に随い来たってしかも相《すがた》をかえない。然るに愚かな人は『前に山上から見た月も今この沢で見る月も異なりはないが、やはり前の月であろうか、別の月であろうか』と考えることであろう。仏に対しても同様で、天人、人、畜生、竜などその類の異なるに従って、互いに仏は己れ等のために在すように考えるであろうが、仏陀は縁に随って諸処に無量の相を現わさるるも、その体は一にして、変異することはない。

また彼の月蝕は阿修羅王が光を遮るためであると云われているが、それは唯手をもて遮るので月そのものを蝕するのではない。仏陀もその如く悪心の者が居て仏身を傷つけ、法を乱し、教団の和合を破ろうとも、仏陀そのものを傷つけ、壊ることは出来ぬ。人はその相形《すがたかたち》の傷害破壊をもって『仏は滅尽した』『法僧は破壊された』と云うも、仏性は真実にして変異なく、破壊せらるべきものでない。

世の殺人罪において故殺と謀殺とに軽重あるように、仏陀を傷つくることあるも殺心なくば罪は軽い。仏の戒を制定するは生類教化のために示現するに外ならぬ。即ち我が滅後においてこれは経典の深義、これは戒律の軽重の相、これは論の解釈だと知らさんがためである。

天は日の長いために人間界において六ヶ月に一回見る月蝕を一日に数回見るとか。見るものによってその期間に長短のあるように、仏もその対者に依って寿命に長短の相を示さるる。しかしその本体には変化はない。また人は明月を見んことを楽《ねが》うものであるが、盗心あるものは月の光を厭うように、本来純真清浄なる仏陀は万雲のひとしく楽見するところである。しかし悪心あるものは却ってこれを厭うている。『仏は明月の如し』とは味わうべき言葉である。

迦葉よ、日が出れば濃霧はことごとく消え失せるように、この『大涅槃経』が一度世に出れば、これを耳にするものは、ことごとく一切の煩悩妄念を除くことが出来る。仏性を説くこの経典は知識の及ぶところでないから、唯仏陀の常住を信じて、教えのままに随順するの外はない。かくして正法も断絶せず、教団も持続する。故に努めて真理に順応しこの経典を学行すべきである。かくすればこの人は遠からず無上の正覚を成就することが出来る。」

第十二　涅槃経と菩提心〈菩薩品〉

信じて行なえ

迦葉は釈尊に尋ねるよう、

「世尊は『大涅槃経』の中心思想を体認すれば、未だ無限向上の学道心なきものも学道に志す素因を作すと云われましたが、それでは前に四依を説いて破戒者と持戒者との区別を説かれた所以《いわれ》が解りませぬ。また『この経典を一たび耳にすればもろもろの煩悩の絆を断つことが出来る』と云わるる一方にはたとい無限向上の学道に志すものもなおこの経典の深義を解せざるものがあると説かれてあるが、その経の深義を解せないものが、どうしてその霊徳を体得し、そして煩悩の絆を断つことが出来ましょう。」

「迦葉よ、向上心なきものを除いた他の一切の生類はこの経を聞けば、それが仏道成就の因縁と成るものである。その深義を理解せずとも経典を信じてその旨を身に行うものは必ず無上の仏道を完うすることが出来る。」

「世尊よ、私には無限向上の心を発さないものが、無限向上の素因を得ると云う所以が解りませぬ。」

「迦葉よ、『大涅槃経』を聞きながら故意にこれを誹謗するものは、自ら良心の苛責を受けて鬼神に迫らるるかの如く、自然に仏陀の境地を念願する心を発すであろう。この念願の反覆はやがて菩提心と成る。即ち未だ菩提心を発せざるものがよく成仏の素因を作るものである。これこの経典の具うる霊徳の力で、この霊徳あるを見てもこの経典が真の仏説なることが首肯されよう。

信仰なき人を一闡提と云うが、この人は真実の道を見る目なきが故に無目の人と云わるる。真実を見ることが出来ねば、ものの真偽を分かたず、やがて正法を誹謗することに成る。この一闡提は精神上において論ずるのであるから、外形に僧服を纏い、或いは羅漢の相をなすも、心に仏を信ぜず、そのみ教えに従わないものはなお一闡提である。かかる悪僧は出家の生活をしながら事実、出家の生活を破壊するもので、甚しきは大乗経の優越を妬みて大乗経典はことごとく悪魔の説く所、断じて仏説でないと云っている。これ仏陀の教説を毀滅し、教団の和合を破るもので一闡提として排斥さるる所以である。故に一闡提の成仏に除外せらるるは絶対的でない。迷妄のその真性を覆うて罪過をほしいままにするからである。

たとえば日光の恵みを受けて開かない蓮華のないように、『大涅槃経』の光に接すれば無信仰者もなお信仰を開発して正覚《さとり》の素因を作る。これを『大涅槃経』の経旨を身に行えばそれが成仏の素因であると云ったのである。彼の一闡提は本来、仏性を具えながら、限りなき罪垢に纏われて自ら脱することの出来ないのは蚕の繭の中にあると同様である。もし信仰の芽生えを見ない時は永遠に迷の世界に流転して、成仏の因を生ずることはない。」

生類教化の手段

「迦葉よ、蛇の皮を脱ぐのは死滅であろうか。」

「決して死滅するのではありませぬ。」

「仏の入滅もそうで、生類教化の手段として汚れあるこの身を捨つるも、それは決して仏陀の死滅ではない。仏陀は永劫に常住にて在《ま》します。然るを予が時によって、言を左右にしたのは深い意があってのこと、それは国王が近侍に『先陀婆《せんだば》を持って来い』と云うと同じく、その中にはいろいろの意味が含まれている。先陀婆の語はよく四物を表わすことが出来る。一に塩、二に器、三に水、四に馬である。智慧ある近侍は王の命ずる場合によって種々にその意を了する、即ち国王が手を洗う時に先陀婆を索むれば水を捧げ、食時には塩を、漿を飲む時は器を、外出せんとする時は馬を持来することであろう。大乗経に説く所も人に因り処に因って同一語を別の意義に解せねばならぬ。大乗の真実を学ぶものは能く正当に解している。即ち『仏は涅槃する』と説くは万有の永存を執着する者に無常観を修めしめんがためだと了し、『教法の壊滅』を説くは快楽に耽るものに苦観を、また仏の病苦を説き『学行者の破滅』を云うは有我見のものに無我観を、また『万有の否定が真の解脱なり』と説くは仏陀に迷妄の存在なきこと――差別変化の世界なく常住不易、無垢清浄なることを、また『一切の生類に仏性あり』と云うは仏陀そのものの実在常住なることを知らしめんがためだと了解する。かくの如く修学するものは真に我が弟子で、仏陀の深密の意を如実に体認することが出来る。」

また釈尊はこの経の将来について語らるるよう、

「迦葉よ、この経典は我が入滅の後は多く南方の学道者の間に行われて、盛んにその感化を与えるが、ようやく衰頽するに至っては崇信するものも減じ、遂には罽賓地方に唯経巻のみを完全に伝うることとなろう。この経が衰うると共に他のもろもろの大乗経も総て流布の跡を絶つことになる。」

時に聖者文殊は仏にもうすよう、

「世尊よ純陀はなお仏性の常住について疑いを抱えているようである。」

「それは一体何についての疑問であるか、汝知らば述べよ。予は彼の疑問を解決してやろう。」

「純陀はなお仏性の常住を疑っているのです。たとい或る力によって仏性を見、そして常住とするも、なおそを見得ざりし以前は無常であろう。もし本を無常とすれば後もまた無常でなくてはならぬ。何となれば世の万物は『本なくして今有り』『すでに有って今ない』のは皆無常であるから。果してそうだとすれば諸仏、深学の大乗教徒、浅学の大乗教徒は全然同一ではないかと。」

「仏性は本来常住なるも今は煩悩に覆われてなきが如く、その迷いの境地を出れば無始より無明に封ぜられてなきが如き仏性は、常住の相を顕わして現に光り輝くことである。相《すがた》に生滅変化あるはこの世の当相、迷の世界までも永恒の存在なりと云うが如きことは理論上許されないことである。この故に諸仏、聖者、声聞、縁覚は差別あると共に無差別と云わねばならぬ。」

仏は生類の父母

文殊は釈尊の説明を了解し得たるも、迦葉はなお理解することが出来ず、更に詳しき説明を請うた。すなわち釈尊は答えらるるよう、

「聖者と各別不同のものがなお同一仏性を持つことは、毛色の変った四、五の牛の乳を搾り取るも、その乳は同一白色なると同様である。また煩悩妄念に強弱浅深の差ありて聖者、声聞、縁覚と異なるものが、その煩悩を除いて同一仏性を成就するは、金礦を覆う滓穢を洗除し銷融して無価の真金となすと同様である。」

「世尊、一切の生類に仏性があるならば仏と人とは如何なる差別がありますか。同一仏性の所有者でありながら舎利弗等の釈尊直接の弟子たちは小涅槃を、縁覚は中涅槃を、聖者は大涅槃を得ると云ってその所得に大中小の区別を立てるのですか。」

「仏子迦葉よ、諸仏の得らるる涅槃は声聞、縁覚の得るものとは同一でない。故に大般涅槃を善有と云う。三者は互いに相差別するも永く別なるものでなく、あたかも諸河の大海に帰入するように、聖者も声聞も縁覚もひとしく未来には大般涅槃に入るものである。故にこの点からは声聞、縁覚もまた常住にして無常ではない。迦葉よ、これ等の三人の互いに異なることは乳と酪と熟酥との如く、仏は醍醐に当る。同じく大涅槃に入るもその在迷の時を同一と見てはならぬ。四種歴然として差別している。」

「迦葉よ、もし人が仏は常住なりと云うことを知らねば、その人は生れながらの盲者である。もし仏の常住なることを知るならば予はその人を心（天）眼の開いた人と言おう。――世間で心眼が開いた人と云われようとも、仏の常住を知らなかったならば、私はその人をなお肉眼当位のものとする。

また仏は常に一切生類の父母たる方である。生きとし生けるものは二足、四足、多足、無足の別はあるが、仏は常に彼等の了解し得るよう説明せらるるによって、各自は『仏は今日自分のために説教せられたのだ』と云う感を抱くものである。この故に仏を生類の父母とする。また人は生れて十六ヶ月の間は言葉が解らぬので、父母はこれに教うるに子供と同じ片語《かたこと》を以てするが、それがためにその親の言葉を正しくないと非難するものはあるまい。仏の説法もそれと同じく相手によって種々の相を現わし、了解するに最も便宜な言葉を用いる。故にたといそれが不完全な地方語であろうとも、正しくないとは云われない。実に仏は最も適切な用語を以て常に宇宙の真理を獅子吼されている。」

第十三　会衆の質疑〈一切大衆所問品〉

別離の悲歎と慰藉

時に釈尊はそのみ口より六色の光明を放って純陀を照された。すなわち純陀は仏に最後の供養を捧げんと欲して、珍膳佳肴を持って仏のみ所《もと》に行くに、大威徳と云う天人が現われて、その行を遮った。その時、仏が再び無量の光を放ってもろもろの天人大衆を照らして威徳を示されたので、純陀は勇気を得て仏前に進み釈尊に願うよう、

「世尊よ、ここに会する人々にこの供養を捧げることを許して下さい。」

もろもろの会衆は正しく時の来たことを知って鉄鉢もてその供養を受けた。

かくしてこの世界は悲愁の中にも美しく飾られて荘厳の殊妙なることは西方の阿弥陀仏のみ国のようである。純陀は理として仏陀の真生命の永遠不滅を解するも、現にその肉体の亡びゆくを見ては、情と

して悲歎に堪えず、釈尊の長くこの世に住まり給わんことを願うた。釈尊はこれに対して、

「汝が予の永遠不滅を願うならば、布施の行を完うするがよい。布施波羅密を完成して、そこに予の永遠不滅の法身を見出すことであろう。」

会する人々は元より禽獣に至るまで、最後の供養者たる純陀の光栄を羨み、自己の薄福を悔いた。時に釈尊はその供養を盛大にして、会衆をよろこばすために無量の仏、無量の僧を現わし、ひとしく供養を受くる様を示された。純陀の所持する量は摩訶陀国の八斛に過ぎなかったが、仏はその神力《みちから》によって会衆に漏れなく頒ち得る量にした。純陀の歓びは云うまでもなく、大衆も共に喜び舞うのであるが、喜びの一面には最後の供養と云う悲しみがあって所謂悲喜交々に至るのである。

時に釈尊は会衆を慰めんとして偈を説いて言うよう、

「汝等悲しむなかれ、予の入滅は自然の法則に従うのみ。

予の入涅槃は今の問題ではないすでに永劫の昔にあった事柄である。

それ以後は常に最勝の楽しみを享け、永遠の安穏所に住っている。

予はいまその永遠の生命たる涅槃を説こう。汝等専心に聴けよ。

烏と梟とが一樹に棲みて、血族の如く親しむ時に始めて予は涅槃に入ろう。

万人に一子羅睺羅に対する慈愛を持ち、生類帰依の主たる仏に、入滅はない。

蛇と鼠と狼とが同じ穴に住み、兄弟の如く相愛する時、始めて入滅しよう。

万人に一子羅睺羅の慈愛を持ち、生類帰依の主たる仏陀が如何《どう》して入滅しよう。

一闡提が現身に仏道を完うして、第一楽に入れば始めて入滅しよう。

万人を一子羅睺羅と同視する仏陀が、どうして慈悲を捨てて入滅しようか。

一切の生類がことごとく仏道を完うしてあらゆる罪過を離るる時、始めて入滅しよう。

万人を一子羅睺羅と同視する如来がどうして慈悲を捨てて入滅しようか。

されば予が教を信ずる汝等は深く正法を求めてこれが体現を期するがよい。

徒に憂悩を抱いて号泣し慟哭することがあってはならぬ。

正法を求めてこれを体現せんとするものは如来の常住を学修し、
そして真理の永恒に厳存して不易なることを観察せねばならぬ。

仏陀の常住観より進んで更に仏、法、僧の常住を思念せよ。

かくて三宝の常住にして第一義真諦に同じいことが了解せらるる。

これが諸仏最上の誓願である。

僧俗男女を問わず、よくこの最上の誓願を発《おこ》す者は、愚痴を離れて世人の帰依供養を受くるに堪ゆる。この願力によってもたらさるる結果は最も勝れて阿羅漢の如く、もし三宝の常住を観察し了達し能わざる者は下賤な旋陀羅にも劣っている。然るにもし三宝の常住に体達すれば、現実の苦悩を離れて安楽を得る。」

この説法を聞いた会衆は阿修羅等の鬼神に至るまで心に限りなき歓びを覚えその心は調柔《しなや》かに、もろもろの迷雲を払い、謙虚清浄の心は自ずと威徳となって表に現われた。そこで諸天は供養を設け、種々の華を散し、妙香を薫じ、音楽を奏して仏に供養奉仕の誠を示した。

一闡提と救済

時に純陀は釈尊に向って、

「世尊よ、一切の経典に説く所には言外の意義がありますか」と。

釈尊は答えて、

「言外の意義あるものとないものとがある。」

「世尊よ、世尊は『自己の所有の物を一切に施すことは讃歎すべく、毀損すべきでない』と説かれましたが、その意味は如何なのですか、持戒と破戒とは如何なる区別がありますか。」

「破戒の徒即ち一闡提を除いて余の一切に施すことは、皆讃歎すべきで、何れも大なる効果をもたらす。」

「一闡提とは何ごとでありますか。」

「憎俗男女を問わず無反省の言葉で正法を謗り、毫も慚愧懺悔の心のないものを一闡提と名づける。また四の重罪、五種の逆罪を犯してその罪過の重きを知るも、罪に対して恐怖、慚愧の心なく却って仏陀の教説を毀呰軽賤して多くの過悪を積む者は一闡提の仲間に入れらるる。また仏陀の教説を全然否定するものも一闡提の輩である。これ等の一闡提の輩を除いた他の者の布施行は総て讃歎に価する。」

「一闡提の意義は解りましたが、世尊の申さるる破戒とは何を指しますか。」

「四種の重罪と五種の逆罪を犯して仏陀の教説を誹謗する人を破戒の者とする。」

「かかる破戒の徒も救済せられますか。」

「或る条件の下に救済せらるる。常に身に法服を纏い、心に慚愧を懐いて自らその罪を責め『咄《つま》らぬことをした、何故こんな重罪を犯したのであろう』と衷心よりその非を悔い、更に進んで正法の混乱を防ぎ、大乗経典の奥義を究めて広く世に宣伝するものは破戒の罪を免れて救済せらるる。」

「世尊、一闡提の輩が改悔して三宝を尊崇し、供養讃歎するとして、かかる人に対する布施行は効果がありますか。」

「そんな愚かなことを言ってはならぬ。菴羅の実を食い、その種を捨てながら或いはその中核に甘味のあらんかと拾い取ってこれを砕き、その中を嘗むるに苦味甚しく、徒に種子を砕いたことを悔い、しかもその果種の絶えんことを恐れて地に植え、耕耘、灌概、肥料に心を尽すとして、この菴羅の種は芽を生ずるであろうか。」

「いえ、世尊よ、たとい天より無上の甘雨を降すとも、一旦砕かれた種は芽を出すことはありませぬ。」

「善男子よ、一闡提もその通りで、一旦向上進化の善種を絶滅したものが、どうしてその罪を除くことが出来よう。すでに善心を起すときは一闡提とは云われない。故に布施行はその対象に由って所得の果報に差異があると云わねばならぬ。相手の如何に由って異なるがその中で仏陀に対する布施が最も勝れて居る。」

飲食と病

釈尊と文殊との間に行われた過去の教説に対する完不完の問答はなお数項に亘り、最後に文殊は釈尊に尋ねるよう、

「世尊はかつて『一切生あるものは皆飲食に依って生存する。一切の達観の士はその心に嫉妬がない。一切の飲食に因ってもろもろの病苦を生ずる。一切の聖行を修すれば安楽が得られる』と説かれましたが、今純陀の飲食供養を受けらることは恐怖すべきことではありませぬか。」

「文殊よ、『一切の生けるものことごとくが飲食に依って生存するにも限らぬ、総ての達観の士は心に嫉妬なきに非ず。一切の食が必ずしも病苦を来たすものでもない。一切の聖行がことごとく安楽を受くるとも限らぬ。文殊よ、汝が病を得れば予もまた病苦を得るであろう。もろもろの羅漢、聖者、仏陀は事実、食を摂ることはない。唯生類教化の縁を結ぶために飲食の相を現わすのである。仏陀が六年の苦

行によって身体が衰弱したなど云う理由はない。諸仏世尊は一切の差別変化の存在を超越して、凡夫と異っているからどうして身体の衰弱を来たすことがあろうか。諸仏世尊は精進勤修して確固不抜な金剛の如き心を獲て世人の危脆《もろ》い体とは全然異っている。予がもろもろの弟子もその通りで、『真実に生る食物』の栄養による存立ではない。『一切達観の士には嫉妬なし』と云うも、これもまた完全な言葉でない。世間の人は終身、嫉妬の心なくてしかも達観せざるによって肯かれよう。また『一切の病苦は食に因る』と云うが、外傷より来る病もあるではないか。また『一切の浄行は安楽を受くる』と云うが、外教徒は清浄の生活をしながら苦しみ悩んでいるではないか。これ等によって仏陀の教説も必ずしもことごとく完全とは云えぬ、因縁にまかせて説くが故に、欠点あるを免れぬ。」

迦葉は釈尊の説法が常に大悲のみ心から現われて聴衆の理解を主とする最も適切な言葉を用いらるるを知って、心は限りなき歓びに満たされて前《すす》んで仏にもうすよう、

「世尊は世に勝れさせて一切の生類を平等にみそなわして一子羅睺羅と異なることがない。」

「よいかな迦葉よ、汝は確かに仏陀の真実を徹見している。」

「世尊よ、願わくばこの『大乗涅槃経』によって得らるる功徳を説き給え。」

「この経の名を聞いてさえ、その得る所は、浅学の者が了知し得ない唯仏陀のみ知り得る所謂、仏陀の境界である。いわんやこの経を護持し、読誦し、理解し、書写する功徳は更にこれに超えている。」

時にもろもろの天人、世の人々および阿修羅は異口同音に仏に冀うよう、

「仏陀の境地は吾々の思慮、認識を絶しています。仏陀たらしむる真理、その学道者もまた絶対のものです。故に吾々は祈請し奉る、『唯願わくば今少しくこの世に停り給え』と。

尊者大迦葉、および尊者阿難その他あまたの門下も遠からず来会しましょう。至心に仏陀を尊敬し奉る摩竭陀の国主、阿闍世大王も未だ来会せられないではありませぬか。

願わくは世尊、哀愍を垂れてしばらくこの世に住《とどま》って吾々の疑惑を除き給え。」

かくて釈尊はもろもろの会衆のために偈を説いて、

「我が仏教の最長老を大迦葉と名づける。

阿難は多聞の士、精進して総ての疑網を断ち、

自然に万有の常および無常の理を了解している。

されば汝等はよく諦観して心に憂悩を懐かぬがよい。」

かくて大衆はそれぞれ如来に種々の供物を捧げ、捧げおわって無限向上の学道に志し、集い来たれる無数の聖者は真証の第一の階段に進んだ。

時に釈尊は文殊、迦葉および純陀に成仏の予言を与え、そして宣うよう、

「もろもろの仏子よ、自ら修養に努《いそ》しみ、慎んで放逸するなかれ、予は今、脊部の疾患のために全体の痛みが甚しいので、横臥しようと思う」と、更に語を続けられて、

「文殊よ、汝、予に代って僧俗男女の弟子たちに大法を説いてくれ。予の教学は総て汝に委嘱する。も

し迦葉、阿難が来ればまたそれ等の正法を彼等にも委嘱しよう」とて、人々の迷妄を打破するために身に病を現わし、世の病者の如く右脇を下にして床に臥せられた。

第十四　釈尊の疾病〈現病品〉

迦葉の歎願

時に迦葉は仏に尋ねるよう、

「世尊よ、仏陀はすでに一切の疾病から免れて、病についての苦痛や恐怖はすこしもありませんが、一切の生類には貪欲《むさぼり》、瞋恚《いかり》、愚痴《おろか》、憍慢《ほこり》と云う四種の毒箭が病因となって、熱病、肺病、上気《のぼせ》、吐瀉、眼耳鼻の疹痛や、種々の精神的疾病があります。仏陀にはかくの如き身心の病は総て除かれてあるのに、何故に今日、世尊は聖者文殊を顧みて『予は今、背部《せなか》が非常に痛んで、とても大衆に説法することは出来ぬ。どうかお前に代説を頼む』と、仰せられましたか。一体、一切の生類を憐み、また一切の病者に医薬を給与するものはすべての病苦を免るるものである。世尊は久遠の昔より聖者の学道を辿り常に一切の生類に慈愛のみ手を垂れて、その苦悩を除き、また病に従って種々の医薬を施していらるる。然るに只今、自ら病があると云わるるのはまことに了解に苦しむ所であります。世尊よ、世の人々は病に罹れば或いは座し或いは臥して毫も落ち付かず、更に死後の家運を案じて子孫に家業を精励せんことを誡めています。それに仏陀は病気と云うのに黙々として唯安らかに臥していらるる。何故にもろもろの弟子たちに戒波羅蜜およびもろもろの禅定を教えて無上の学道に精進させられないのですか。何故に高遠なみ教えである大乗経典を説いて、大迦葉始めもろもろの大弟子に無上の学道を成就させられませぬか。世尊よ、世尊は実に病気などのあるべきはずがない。然るに何故に黙然として右脇を下にして臥し給うのですか。もろもろの聖者は正しき学道の障害となる煩悩、業、結果の三障を除くために、総ての正善行を一切の生類に施して、共に平等より差別に赴く仏陀の智恵に帰一せんとする。我が仏教ではこの三障を大病と名づくるので、もろもろの聖者は過去の限りなき時間において無上の学道を修するときその病に応ずる薬を給し、そして人々を永くこの三障の病より免れしむると云うではありませぬか。

また世尊よ、世の病ある人が起居の自由を失い、食欲減退し、衰弱の結果、家族に遺誡をなす力もなくなれば、父母、妻子、兄弟、親戚、朋友はその病状を見て全然望みなく必ず死するものと想う。仏陀も今、絶対安静にして説教談話を避けていらるるが、この状態を見て世の愚かな者は『仏陀は必ず入滅せらるるのである』と考えることでしょう。しかし世の愚者たちが滅尽の想をなすとも、仏陀の真実性は永劫に入滅せらるることはない。何となれば仏陀は常住にして変易がないから。この故に『予はいま背部に疹痛を覚ゆる』と言われてはならぬと思います。

また世尊が今の如き相を現わさるるときは、九十五種の外教徒はこれを軽慢して『瞿曇《ゴウタマ》（釈尊）の教は吾々が我性、人、自由、時間、元素等を常住にして永恒不易の実在とする主張に遠く及ばない。瞿曇自身さえ無常遷流するではないか、これ畢竟仏教の理想に永恒性なきためである』と、宣伝することでしょう。さればこの点より見ても世尊は今日徒に安静に横臥していられないではありませぬか。仏陀たる世尊は真実の大智恵を体得して、あらゆる世界の実相に透徹せられ、威徳巍々としてあらゆる神通を成就していらるる、人中の竜象である。かくの如く一切の疑網を断ち切り煩悩の毒箭を抜いて挙止は安詳に、威儀は整備って天下に畏るる所はない。然るに何故に病の床に安臥して人天一切の生類を悲歎せしめ苦悩せしむるのですか。

大聖世尊よ、小児が病人でであるように牀褥に臥することを止めて大乗の広大深遠なみ教えを説いて、一切の生類に恵みを与うると共にもろもろの外道を摧破して下さい。」

仏身は真の健全体

その時に世尊は大慈悲に催され、もろもろの生類各自の欲求を知って、望みに任せ永劫の薬を与えんがために、直に病床より起きて端座せられた。そのみ顔は法悦に輝き、眉目は月の如く端厳に、形貌は清浄にして一切の垢穢《けがれ》を離れて智慧の光は全宇宙に輝き亘って、限りなき生類に精進不退の学道を修せしめられた。獅子王の如きみ相は清浄なる蓮華に包まれたように、崇き徳光は普く阿鼻地獄、想地獄、黒縄地獄、衆合地獄、叫喚地獄、大叫喚地獄、焦熱地獄、大焦熱地獄等の八熱地獄を照らしてその中の焼煮、火炙、斫刺の苦を除いた。ためにその生類は安隠、清涼に、快楽極まりなきことを得て、仏性の普遍を聞き、まだ仏の徳化は阿波々《あばば》、阿吒々《あだだ》、阿羅々《あらら》、阿婆々《あばば》、優鉢羅《うばら》、波頭摩《はずま》、拘物頭《くもつず》、芬陀利《ふんだり》等の八寒地獄に及びて、その中の生類の寒苦を除いて調和温順の気に浴せしめて「悉有仏性」のみ教えを聴かしめられた。貪欲のために常に飢渇の想に苦しめらるる餓鬼界の生類はこの光に遇いその飢渇を除いて「仏性遍在」のみ教えを聞き、瞋恚のために互いに殺し互いに食む畜生は恚心を滅して、仏性遍在の福音によって向上の学道に入った。

またあまたの蓮華のおのおのに仏身を化現して種々の神通説法の相を示された。南方閻浮提国の総ての生類はこの光に浴して、盲者は見え、聾者は聴こえ、唖者は言い、拘躄《びっこ》は歩き、貧者は財を得、慳者は施し、恚者は慈み深く、不信者は信仰の門を叩くに至る。一闡提を除いて一人の悪法を修するものもない。

諸天、人類は元より乾闥婆、阿修羅、迦楼羅、憂摩陀等のもろもろの鬼神、妖怪に至るまで、釈尊の徳化のかくの如く偉大なるを見て、歓喜し踊躍してその威徳を讃え或いは歌い或いは舞うて優鉢羅華《うばらけ》、波頭摩華《はずまけ》、芬荼利華《ふんだりけ》などあまたの妙なる華を散じ、波、栴檀等の珍香を焼き、宝幢播蓋を捧げ、また伎楽、箏、笛、笙、瑟などを奏して仏に供養し、しかしてもうすよう、

「未だ何人も究め得ざりし最高のみ教えを唯我が世尊瞿曇のみ開顕せらるる。世尊の過去永劫の間の苦修錬行は人類救済のためである。いま何故にその本願を捨てて入滅せられんとし給うや。あまたの生類は未だ世尊の開説の秘奥を証《さと》らず、迷界に流転を続けている。世尊願わくば世の精神的疾患を治療して、一切の病毒を消滅して残りなからしめよ。唯願わくは法雨を雨ふらして、我等の本有の仏種を潤わせ給え」と。

時に仏は迦葉に告げらるるよう、

「善男子よ。予は永遠の昔にすでに一切の病根を除いている。即ち幾千万年の昔、無上勝仏の『大乗涅槃経』を説かるるを聴いて、一切の悪逆を離れ、煩悩を滅した。それ以来身心安穏にしてもろもろの苦しみ悩みを離れて、現に身心共に何等の疾患はない。今かく病相を現わし、背痛甚しく文殊に代説を命じたのは生類救済の一手段で、事実、予は病気でもなく、永久に入滅することはない。迦葉よ、予の入らんとする大涅槃は仏陀のみ遊ぶ境界即ち最高の禅定で、偏狭固陋の学徒の行くべき処でない。

迦葉よ、世に難治の三病がある。一には大乗のみ教えを謗り、二には五種の残逆の罪、三には一闡提これである。これは極重の難病で声聞、縁覚の癒し得るものでない。難治の重病も或る霊薬によって頓に癒ゆるが如く、大乗の妙法を聞けば能く無上の学道心を起してこの三病を治することが出来る。」

第十五　聖者の学行〈聖行品〉

聖規の厳守（戒行）

仏は言葉を続けられて、

「迦葉よ、この『大般涅槃経』を学修するには専心に五種の聖行を思惟せねばならぬ。五種とは一に聖行、二に梵行、三に天行、四に嬰児行、五に病行である。なお別にこの五行の根底をなす如来行と云うものがある。この如来行は『大乗涅槃経』の根幹である。

聖行と云うは聖者が親聞の弟子または仏陀についてこの経を聞けばやがて信仰を起して念うよう、『我は今大乗経を愛読し、これを体現せんとするが故に、愛する妻子眷属、住宅財宝家具一切を捨てよう、また家庭は牢獄の如く一切煩悩の根源なれば、家にあっては清浄の学行を修められない。故に出家剃髪して仏道を学修しよう』と。かくて出家しおわれば仏の制戒を厳守して、身を持すること最も厳粛に、細瑾微罪にも心戦き、戒律を護持する心意の金剛よりも堅いのことである。

迦葉よ、戒律を守るには次の如き心掛けがなくてはならぬ。譬えば人が浮嚢を携えて大海を渡ろうとするとき一の羅刹がそれを与えよと要求せば、その人は『これを与えては私は死なねばならぬ、たとい殺されても与えるものか』と咎むであろう。更に羅刹が『もし全部がくれられなければその半分でよい』と要求してもその人は肯くまい。羅刹は次に『然らば三分の一を与えよ』と迫り、『それも出来ねば一握りでも施してくれ、もしそれも出来ねば微塵ばかりでもよい』と懇願しても、この人は『汝の求むる処は極めてわずかであるが、それを与えては空気が漏れて浮袋とならず、私は大海を渡り越すことが出来ない』と要求を拒絶するであろう。聖者の戒律を護持するにもこの大海を渡る人が、浮袋を護り惜しむが如き用心がなくてはならぬ。即ち戒律を厳守し学行するとき煩悩諸悪の羅刹が『四種の重罪を除いて余戒を持ちて、予はその力にて汝を安穏にして涅槃に入らしめよう』と誘惑するも、聖者はこれに答えて『我はたとい四種の重要な戒律を持って阿鼻地獄に堕るとも、断じて犯戒はしない』と、断乎と拒絶せねばならぬ。更に羅刹が四重禁を破り得ねば、僧残を、僧残を破り得ねば偸蘭遮《すうらんじゃ》罪を、偸蘭遮罪を破り得ねば捨堕《しゃだ》を、捨堕を破り得ねば波夜提《はやだい》を、波夜提を犯し得ねば突吉羅戒を破せよ、その何れをなすもその因縁を以て安穏に涅槃に入らしめようと、重きものより軽きものにと次第に巧なる誘惑を試みることであろうが、聖者はその時次の如く断然と答えるがよい。『私はたとい突吉羅罪を犯すも、迷の大海を渡って涅槃の彼岸に至ることが出来ない。極めて軽微な仏の戒も厳守して、金剛の如き心でこれを護持しよう。私には四重禁も突吉羅も同一の仏戒として、その間に軽重の差別を見ることが出来ない』と。

かくの如く心すれば大小乗一切の戒を完うして悪として離れざるものはない。

故に聖者は予の制定した戒律は如何なる軽微のものも重きものと同様に必ず疎かにせず、常に堅き決心の下に次の如き誓願を立つべきである。

『むしろこの身を熾然たる猛火の中に投ずるも、決して過去、未来、現在の諸仏の制定された戒を破って一切の女人と不正な関係を結ぶことはすまい。』

『むしろこの身を熱鉄の羅網に包もうとも、決して破戒の身では信仰者の供養する衣服は受けまい。』

『むしろこの口もて熱鉄丸を呑もうとも、決して破戒の口では信仰者の供養する食物は摂るまい。』

『むしろこの身は大熱鉄の上に臥すとも、決して破戒の身では信仰者の供養する牀床臥具は受けまい。』

『むしろこの身は三百の矛もて傷つけられようとも、決して破戒の身では信仰者の供養する医薬は受けまい。』

『むしろこの身は鉄槌もて粉砕されて頭より足まで微塵の如くなろうとも、破戒の身もて如何なるものよりの尊敬礼拝も受けない。』

『むしろ鋭利な刃物にて目、耳、鼻、舌をえぐり、割き、除かれようとも、染《けがれ》ある心では麗しき色彩、調える音楽、芳しき香、美き味は貪るまい。』

『むしろ全身を鋭利な斧もて斬りきざまれようとも、染ある心では触覚の快味を貪るまい。』聖者は仏の戒に対してはこのような尊敬と熱誠とを持たねばならぬ。自己の完成より進んで更に他の持戒円修を期せねばならぬ。

戒律を完うすれば不動地に住する。不動地に住するとはその心地の不動、不堕、不退、不散なるを云うので、あたかも須弥山の如何なる暴風雨も動かし陥没、散落せしむることが出来ないと同様である。戒行を完うするものは外界の現象に動かされず、地獄、餓鬼、畜生の三悪道に堕ちず、偏狭固陋の教徒に退下せず、異端者のためにその信仰を散乱せらるることがない。また貪、瞋、痴に動かされず、四種の重罪にも陥らず、戒行を退失せず、大乗経の反逆者に散壊せられず、また精神、肉体、満足、停滞の四種の悪魔に侵さるることもない。

かくあるのが戒聖行を学修する状態であり、結果である。」

真実相の理解（定行）

「元来、聖行とは仏および聖者、即ち聖人の学行する所であるから名づけたもので、仏および聖者が常に万有の差別相を否定して万有の真理を体現するために研修する戒行、禅定、智慧即ち戒、定、慧の三学を聖行と云うのである。この三学のうち定と慧は戒行を完うせしむる根底をなすものである。

禅定は実相を理解し悟了した状態である。事物の中で己れに最も直接するものは我が体で、この体を頭より足に至るまで細かに観察するも、何処にもこれぞ『我なり』、これぞ『我に属するもの』と云うものはない。実にこの身は不浄の因縁和合によって成立せるものである。『因縁和合のこの体には全く主と云い我と云うものがないとすれば、現に見る如き座起、行住、屈伸、呼吸、悲泣、喜笑は何に依って出来るのであろうか。或いは心が「我」であるかも知れぬ』と考えるものもあろう。然し識は次から次に生滅してあたかも流水の如きものであるから『我』と云われぬ。また『人は風即ち気体の呼吸によって生存するが故に、物質構成の四要素（四大）が「我」であるかも知れぬ』と念うであろうが、地大も我でなければ、水、火、風共に我ではない。この体もその動作も総て心と風の因縁和合によって存在し、行わるるのでもろもろの因縁の仮りに和合した上に成る身体には全く『主』たり『我』たるものはない。『我』の認むべきもののない体の何処に執着し愛慾を起すか。他より罵られ辱しめらるるも、『我』なきものに対してなされたものに、瞋恚の炎を燃す理由がないではないか。他人が我が体を打擲するも、瞋る理由がない。打擲と云う事柄は手または刀杖と我が体との関係の上に行わるるので、我が体あるが故に起った事柄なれば、ほしいままに他を瞋《いか》ることは出来ない。自ら禍を招くべき体を持って居るからで、咎は己にある。譬えば的あるによって箭の中ることとあるが如く、この身あるが故に打擲さるるのである。故に咎は他よりもむしろ己にあることを念い、忍び耐えて正念を失せざらんことに努むべきである。正念を失えば正邪善悪を甄別する力を欠ぎ、善悪を弁別し得ざれば罪悪に傾き易く、罪悪の因縁は地獄、畜生、餓鬼の悪道に堕ることになる。慎しむべきは瞋恚である。欣ぶべきは正念である。この無我観を完うすれば肉体、感覚、精神、万有の四に対する観察の誤謬を匡し、その真相を究めて『堪忍地』に住《とどま》ることになる。堪忍地に住するとは貪、瞋、痴を忍び、寒熱、飢渇、悪口、憂悩など身心一切の苦悩を忍び得る境地である。」

真理の探究（慧行）

「迦葉よ、また聖行がある。苦、集、滅、道の四真理（四諦）を究むること即ち慧行である。苦とは圧迫の相、集とは生長の相、滅とは寂滅の相、道とは大乗の相である。またその用《はたらき》を云えば苦は現生、集は後苦を生じ、滅は煩悩の滅尽、道は能く煩悩を除く。その体を云えば苦は身心苦（苦々）、現象苦（行苦）、破壊苦（壊苦）の三苦、集は二十五の現象存在（有）、滅は二十五の現象世界の滅亡、道は戒、定、慧の研修である。かくの如く苦集は迷（有漏）の果と因、滅道は悟（無漏）の果と因と云うのである。苦は更に八に分けらるる、生、老、病、死の四苦と愛するものとの別離の苦、怨み憎む者と会う苦、求めて得ざる苦、肉体頑健の苦これである。この八苦を生ずる者が集、八苦なき処が滅、十種のみ力、聖者の四種の優越性、大悲行は道である。八苦の中の病苦には身病と心病とがあって、身病は更に五病に、心病には踊躍、恐怖、憂愁、愚痴の四に分かたらるる。死とは身命の終尽することであるが、また放逸、破戒などの如き向上進歩の停滞も死と名づけらるる。

世人は生の喜びに貪着して生が苦悩の根本であり、生死相関することを知らぬ。

迦葉よ、波羅門の童子が飢餓に逼って人糞の中にある菴羅果を拾い取った。或る智者がこれを見て訶責するよう『汝は波羅門と云う極めて清浄な種族であるのに、何故に糞屎中にある穢れた果実を取るか』と。童子はこれを聞いてその行いを愧じて答うるよう、『実は食べるのではない、洗い浄め持ち帰ってこれを捨てようと思う』と、智者はすなわち責って『汝は実に愚者だ、還って捨つるようなれば始めから取らぬがよいではないか』と。聖者が苦悩の根本である生を受けず捨てざるは、この智者が童子を訶責するが如きもので、凡夫が生を欣び死を悪むは、彼の童子が果実を取り還って棄つるようである。」

世尊は次第に八苦を詳説し、更に余経に説く楽との関係を明らかにして、「一切皆苦にして楽なく……唯聖者の大涅槃に住して、始めて真の苦と楽とを認識する」と結ばれた。

次に集諦の観察を説かるるよう、

「迦葉よ、この集諦は存在の因縁観である。集は存在を愛着することであるが、愛には己身と、その所属とを愛する二つがある。また未得のものは必ず得んことを求め、已得のものを飽くまで執着せんとし、また物質、意識、観念の三界に対する愛着、業、煩悩、苦の三に対する愛着、衣服、飲食、臥具、湯楽の四に対する出家の愛着、精神、物質のあらゆる愛着は分別し計量することは出来ぬ。愛の中、不善愛は凡夫の欲求で集即ち迷妄の因なるも、善愛は聖者の欲求にして迷の因とはならぬ。善愛の中にまた善と不善とある。不善は二乗を求むること、善は大乗を求むることとである。凡夫の愛は集と名づくるも諦とは云わぬ、同じく愛と云うも聖者の愛は集諦と云って、集とは云わぬ。何となれば聖者の生を享くるは生類を済度せんがためで、愛欲のためでないから。」

大乗の愛欲観

「善男子よ、いま大乗涅槃の境地より観察するに愛欲は凡そ九方面がある。一に負債の余分を労役に服するが如く、愛着の余習あるために無上の正覚を成就し得ない。

二に羅刹女がその子を食し、子尽きて夫を食するが如く、愛慾もまた生類の善行の子を生ずるに随って食し、遂に生類そのものを地獄、畜生、餓鬼に堕落せしめる。

三に美花の茎に毒蛇の纏わるを知らず、唯花を愛するままにこれを折って蛇に螫され、遂に命を失うが如く、一切の凡夫は五欲の華を貪り耽って、愛欲の蛇に螫され、命終して三悪道に堕つる。

四に従って不消化の食物を食して腹痛を起し、下痢甚しく遂に死去する如く、愛の食物も強食貪著すれば三悪道に堕落する。

五に淫女の巧みに媚び種々の嬌態を演じて財物を奪い、財尽くれば振り捨つるが如く、愛欲もあらゆる一切善法を奪い、遂に三悪道に堕落せしむる。

六に藤の蔓の尼拘羅樹《にくら》に絡まりてその発育を妨げ、遂に枯死せしむる如く、愛欲の藤蔓もまたあらゆる善法を拘束して向上発達を妨げ、退下堕落、遂に枯滅して三悪道に堕らしむる。

七に瘡牛の瘜肉《にくつき》の治療を怠れば、益々増大して病毒は全身に渡り、命を失う如く、迷妄の中には愛の瘜肉を浄化せざれば命終して三悪道に堕することになる。

八に暴風の山を偃《たお》し岩石を飛ばし大木を倒壊する如く、愛欲の暴風は悪心を生じて長老舎利弗等の強大な無上学行心をも破壊する。

九に彗星の世人に変災禍乱の兆として苦悩を与うる如く、愛欲は人をして孤独、飢餓、煩悩のために、生死流転の苦を受けしむる。

大乗涅槃における愛慾観にはかかる九種がある。

次に滅を見るとは一切の煩悩を除くこと、滅諦を見るとは煩悩を断ずれば常住の真実性の顕わるることである。煩悩の火の滅するのを寂滅と名づけ、煩悩滅するが故に真実の快楽を受くることが出来る。滅諦は仏陀、聖者の境地なれば浄と云い、その世界は浄化さるるが故に出世即ち我と云い、常に色、声、香、味、触等の対象は男女、生滅、苦楽の定相がない。故にこれを清浄真実の実体と名づける。

闇中においては灯によって麁《そ》細大小の物を見ることを得るが如く、一切万有の真実には八聖道によって体達することが出来る。これを道諦と云う。」

迦葉は八聖道即ち道諦と説かれたことに不審を抱きて尋ねるよう、

「世尊よ、単に八聖道を道諦とするは完全でないようである。何となれば世尊はかつて真理相応または信仰を道としてもろもろの迷妄を浄化すると述べられ、また阿難には精進これ道と説かれ、大迦葉には正定これ道と告げられた。或いは無常観を、求は説法を、或いは持戒を、或いは慈を、或いは智慧を、或いは施を道と説かれた、然るに今単に八聖道のみが道諦であるならば、これ等の義を説く経典は虚偽となるではありませぬか。総ての虚偽と誤謬とを離れた世尊にかかる誤りのあるべきはずがない。」

「善男子、汝は大乗経の深義を知らんとしてこの問を発したのであろう。予の所説には決して誤謬はない。諸経に説いてある総ての学行は皆道諦に入る。彼の信仰の如き、あらゆる聖行の根本、無上学道の基礎をなすが故に、信仰は確かに道諦である。これまで一の聖道を時によって種々に異説したのは、病源を識ってその症状に従って種々の薬を調合すると同様である、同一火炎もその燃焼する材料の異なるに従って木火、草火、糖火、糞火等と名づけるように、もろもろの生類を教化するために、種々の道を説くも、道は一にして二でない。」

世諦と第一義諦

聖者文殊師利は釈尊所説の世諦と第一義諦とについて尋ねるよう。

「第一義の中に世諦ありや、また世諦の中に第一義ありや、もし互いに含むものとすればこれ一諦にして二諦とは云えず、もしないとすれば真理の体現者が偽を云うことになる。」

「善男子よ、世諦とは即ち第一義諦である。故に本来は一諦なるも、生類に従って二諦と説く。即ち世俗の束縛を受くる者の知るものを世法、世諦と云い、その束縛を脱して常に進歩向上の道程にある者の知る処は出世法、第一義諦である。五陰和合の自我を某と呼ぶは世諦で、自我の何ものなるかを知り、名称は自我そのものを呼ぶのでなく、五陰を離れて名称なしと。事物の真実相を究むるを第一義諦と名づける。

文殊よ、宇宙の唯一実諦をば真法と云う。実諦は顛倒を離れて秋毫の虚妄もない真理であるから。虚妄があれば実諦とは名づけられない。実諦はまた大乗と云う。

これ仏の所説にして悪魔の所説でないから、もし魔説にして仏説でなければ実諦と名づけない。実諦は因より云えば唯一清浄の道で二道なく、その果体は常、楽、我、浄の四徳を具えている。」

「世尊、もし真実を実諦とすれば、ひとしく真実を対象とする仏陀、虚空、仏性と一実諦とは如何なる差別がありますか。」

「善男子よ、真実とはこれ如来、如来とはこれ真実、真実とはこれ虚空、虚空とはこれ真実、真実とは仏性、仏性とはこれ真実なれば、この三と真実とは相即するものである。」

「世尊は不顛倒を実諦となすと云わるるが、四諦の中には四倒ありや否や、もしあれば世尊の語は誤っているようですが。」

「一切の顚倒は苦諦の中に入れると云うのは顚倒心ある衆生を顚倒と云うと同じく、顚倒そのものは苦で苦諦ではない。」

「不虚妄が実諦ならば虚妄は実諦でないと思いますが、如何ですか。」

「文殊よ、一切の虚妄は苦諦に入る。虚妄は仏陀並びに求道者の必ず断除すべき所なれば、これに反する不虚妄――対象を如実に知る――は実諦である。」

「大乗これ実諦と説かれましたが、それでは浅学の声聞、縁覚は不実と云うのですか。」

「文殊よ、彼等の教は実でもあり不実でもある。もろもろの煩悩を断ずる点は実であるが、永恒性のない点は不実である。」

「仏の所説は実、悪魔の所説は不実とせられますが、魔説は聖諦に摂するのですか。」

「文殊よ、魔説は苦、集二諦に撰せられ、非法、非律にして人を利益することが出来ぬ。故に終日これを演説するも人の苦を見、集を断じ、滅を証し、道を修することは出来ぬ。」

他教の妄見を破す

「世尊は一道清浄にして二道なしと説かれますが、外教徒も『我れ一道清浄にして二道なし』と云う。一道を実諦と云わば外教と如何なる差別がありますか。もし無差別なれば一道清浄とは云われないはずです。」

「もろもろの外教の説く所には苦集諦ありて滅道諦がない。外教徒は非滅のものを滅と想い、非道のものを道と想うなどその真実を究むることが出来ぬ。故に真実諦は唯一清浄にして二つない。」

「世尊の云わるる如く常、我、楽、浄あるを実義とすれば実諦は却って外教にあって、無我を説く仏教は実義でないように思われますが如何ですか。」

「予の云う常、楽、我、浄は外教徒の云うそれとは全然異っている。生死に迷い万有平等の実相を知らずして、貪、瞋、痴の迷妄邪見に惑わされて生死転変常なきものを捕えて常住と思惟するが外教徒の云う常住である。真実清浄にして常住なるものにかかる煩悩妄想の患のあろうはずがない。

善男子よ、差別変化の現象には物質と精神との二がある。先ず心について述ぶるに総ての精神現象は皆対象の変化するに応じて異なる。もし心が常住なものとすれば眼識は色彩形状の所謂色境に限らず、万有をことごとく識別すべきである。こうならざるは心の差別変化あるためである。事実、心が常住ならば色彩区別も出来ず、記憶を失うこともなく、怨親の別、自他の別、生死などのあるべきものでない。然るに生類は現にこれ等の色別区分をなして居る。これは心性の各々異なるためで、心は事実問題として無常である。

心の無常なるごとく物質もまた無常である。如何なる物質も常住不易なるものはない。一旦生ずるものは必ず滅する。人の体にしても受胎を生とするも、生は直に次の新しき生を呼びて滅し、生滅変化の持続がこの体である。草木土石皆然らざるものはない。浅学の凡夫はこの生滅変化の実相を知らず、その相続の上に常住を見るのである。故に物質は無常である。かく精神と云わず物質と云わず一切の万有は無常変化を当相とする。無常なれば苦、苦なれば不浄である。

また、一切の現象には自我と云うものはない。万有を物質と精神とに分けるに物質は破壊消滅して常一主宰のもの、即ち『我』とすべきものがない。精神もまた因縁によって生ずるものであるから無我である。外教徒は専念するは我あるためと云うも、過去の事象を忘失することあるより見れば、専念は有我の理由とはならぬ。外教徒は万有の実相に透徹する智慧のないために、真の常、楽、我、浄を知らず、似而非なる虚妄のものを捕えて常なり、楽なり、我なり、浄なりと執するのである。故に真実諦は唯仏教中にあって、外教には永恒不滅の真理なるものはない。

かく思惟し実行するを大涅槃経の主張する聖行と云う。これ等の行は諸仏の永生に在りて開顕する処、まだ聖者および浅学の教徒の聞いて奉行する処なれば聖行と云わるるので、この行を完うすれば無所畏の境地に達する。無所畏とはこの境地に至れば貪、瞋、痴、生老病死を畏るることなく、また悪道、地獄、畜生、餓鬼を畏れず、また外教徒、邪見、悪魔等を始め今まで厭い捨てたる二十五の迷の世界をも畏るることがないからである。二十五のあらゆる世界に対する恐怖をなくするのは二十五の三昧を修して、その世界を浄化するによってである。その二十五の三昧は諸三昧の王と名づける。もしこの三昧王を完うすれば意のままに活動し、欲する処に往くことが出来る。」

五味の喩と捨身求法

時に大衆の中にいた住無垢蔵王と呼ぶ聖者は、右肩を袒《ぬ》ぎ長跪合掌して仏にもうすよう、

「世尊がいま説かるるように諸仏聖者の成就する功徳智慧は実に広大無辺で説き尽されない。しかしその広大な功徳、限りなき智慧も大乗経のそれに比すれば霄壌の差があるように思われます。」

「よい哉、善男子よ、全く汝の考えの通りである。もろもろの大乗経典は総て、汝の云うが如く限りのない力を持って居る。しかしこの『涅槃経』は更に勝れて百倍、千倍、百千億倍して到底数や譬えの及ぶ所でない。

善男子よ、譬えば牛より乳を出し、乳より酪を出し、酪より生酥を出し、生酥より熟酥を出し、熟酥より醍醐を出す。醍醐は最上にしてもしこれを呑むものは総ての病を除くことが出来る。醍醐の中に一切の薬を包含するように、仏もまた無量の霊徳を具えている。仏より十二部経を出し、十二部経より修多羅を出し、修多羅より方等経を出し、方等経より般若波羅密を出し、般若波羅密より大涅槃を出す。大涅槃は醍醐の如く、醍醐は仏性に喩える。仏性とは即ち如来真理に相応することである。この故に真理の体現者の有する功徳は無辺にして計算することが出来ぬと云わるる。」

迦葉は仏に己の誠意を述べるよう、

「私は大涅槃経が経典中の醍醐であることを聴いてひそかに念う、『この経を聴受することの出来ないものは最も愚痴にして善心のないものであろう』と。世尊よ、私は自分の皮を剥ぎて紙となし、血を刺して墨となし、髄を以て水となし、骨をとりて筆となしてこの勝れた『大涅槃経』を書写して熟読翫味、自ら書写し、読誦してその真智を啓発し、聖行を増上せしむると共に広く人のためにその深義を明らかにする覚悟であります。財欲の盛んなものには先ず財物を与えて後に『涅槃経』を読むことを勧めよう。また高貴の者には衷心より尊敬の意を表し、憍慢者にはその意に随って僕婢として事え、大乗経を誹謗《そし》る者は威力を以て摧いて涅槃経を読ましめるなどあらゆる手段を尽して、一人にても多くこの経を学行せんことに努力しよう。」

仏は迦葉の雄志を讃えて、

「汝は真に大乗経の愛読者である。その大乗経を信敬し、供養する因縁によってもろもろの大聖者に先だって無上の学道を成就することが出来る。

善男子よ、予は往昔《むかし》未だ仏の出世せられない時、聖者の学道を完うせんがために種々の苦行を重ね、大乗の経典を求めたが、名字をさえ聞くことが出来なかった。予はその時、雪山に住まって居た。かくして永劫を経るに、予は仏陀の大乗経を聞かなかったが、帝釈天を始めもろもろの天王は相会して予の行を讃えるのであった。

帝釈天は真金が焼、打、磨の三の試練を経てその真価を知らるる如く、我が苦行を試すために、その身を変じて羅刹と成り、朗々たる声をもて過去の仏の説かれた半偈を宣べた。

『総ての現象は無常である、これ生滅変化の存在である。』

この半偈を説いて苦行者の前に立ち四方を睥睨した姿は、見るからに恐しい形相であった。苦行者がこの半偈を聞いて歓喜踊躍する様は久しく病みて良医を得ざりし人が卒《にわか》にこれを得たように、海に没して卒《にわか》に船に遇うたように、渇ける人が冷水に遇うたようであった。苦行者は歓喜に満たされた心をもって『誰があんな偈を説くのであろうか』と四方を顧り視るに余人はなく、唯形相の恐しい羅刹がいた。あの恐しい羅刹がこの偈を説いたのであろうか、恐らく彼が説いたのではあるまい、なせならばあんな名言を吐くものがかかる怖しい形相をしているはずがない。もしあの形相でこの名句を説いたとすれば、それは火中より蓮華を生じ、日光の中より冷水を出すが如きものである。

然し予は考え直して『自分は知らぬが、羅刹は昔、諸仏に就てこの半偈を聞いたのかも知れない。或いは次の半偈も聞いているだろう』と思って羅刹に尋ねた。『大士よ、この半偈の現わす真理は実に過去、未来、現在の仏陀世尊の正道であるが、汝は何れの処で教えて貰ったか、この世の総ての生類は未だかつてかかる空の真理を聞いたことはない。なお今の半偈では意味が徹底しないようだ。恐らく汝は次の半偈も知っていよう。是非それを聞かせてくれ』と。時に羅刹は答えて『そんなことを尋ねてくれるな、俺は永い間、何にも口にしない。種々苦心はしたが一椀も得ることが出来ないので、餓死せんばかりである。それでいまの半偈を説いたのである』と。予は進んで『大士がもしこの名句を完全に説いてくれるならば、生涯汝の弟子となろう。何故に説くことを嫌うのか、財施は尽きることもあろうが、法施には終極がなく、効果も偉大であるのに』と、言葉を遜うして頼めば羅刹は答えて『汝は確かに智識において俺に勝れているようだが、俺は全く飢餓に迫って、声も出し得ない程である』と。そこで予は羅刹の要求する食物は何であるかと尋ねた。彼は答えて『これを聞けば世間の人は驚き怖れるであろうが、唵《ママ》の食べたいのは人の柔かい肉、飲みたいのは人の温かい血である。人を殺してもと思うが、悲しいかな薄福の私には福徳あって諸天に守護せらるる人を殺す力がない。』予は遂に決心して、『汝が次の半偈を説いて聖句を完全に聞かせてくれるならば、この身を汝に献げよう。この身は何等永久的のものでなく、死すれば何の用にも立たず、徒に虎狼や梟鷲の餌となるに過ぎない。私は無限に向上の一路を辿らんことを念願するが故に、短い命のこの身を捨てて永久の生命が得たい』と。羅刹は単に八字のために最も愛すべき体を供養することを信じないので、予は『汝は本当に無智だ、私がいま汝にこの体を捧げるのは瓦器を施して七宝の名器を得ると同様である。残りの半句を聞けば確かにこの身を捨てることは、梵天、帝釈天および聖者、諸仏も証明せらるることであろう』と。羅刹は安堵の態で、始めて承諾した。予は心中、歓びに堪えず、着ていた鹿の皮を布いて座を設けて羅刹を請じ、改めて恭しく半偈の説述を願った。羅刹は即ち声朗かに、

『あらゆる差別変化を否定し尽せば、すべての迷妄我執は滅し去って、そこに真の悦楽が現わるる。』

と誦出した。予は十分その意義を翫味し考究した後に、処々の岩石と云わず、樹木と云わず、道路に至

るまでその句を書き記して、直に高樹に登って、自ら樹下に身を投げた。然るに不思議にも未だ地上に至らぬ間に、空には微妙な声が響き、羅刹は姿をかえて我が身を接取して静かに地上に下ろした。時に帝釈天梵天などは『聖者だ、生類の黒闇を照破する一大法炬である』と讃えたことである。

善男子よ、予は往昔《むかし》、この半偈のために身命を屠した因縁によって、聖者弥勒に先んじて無上の正覚《さとり》を成就したのである。汝もそのように無上真実の学道に志せば、長期の修行を経た聖者にいや勝ることであろう。」

第十六　純浄の行〈梵行品〉

七種の善法

次に釈尊は五行の中の梵行について迦葉に語らるるよう、

「迦葉よ、大乗涅槃の深義を体して七種の善法にて自らを正しゅうし、四種の対他的大乗心にて他を正しゅうするのが梵行である。七種の善法とは一に知法、二に知義、三に知時、四に知足、五に知自、六に知衆、七に知尊卑である。

第一に法を知るとは仏陀教説の十二の彙類即ち十二部経の何たるかを知るのである。十二部とは一に修多羅《スートラ》（契経）、散文で記述した部分を云う。二に祇夜《ゲーヤ》（重頌）、これは散文の意を重ねて頌説する偈頌である。三に和伽羅《ビヤーカラナ》（受記）、成仏の予言を説いた文を受記と云う。四に伽陀《ガーター》（頌諷、単頌）、修多羅の前文なき単独の頌を云う。五に優陀那《ウダーナ》（自説）、これは問わず語りの教説である。六に尼陀那《ニダーナ》（因縁）、教化説法の因縁を説いた部分を云う。七に阿波陀《アバダーナ》（譬喩）、経典中の譬喩を指す。八に伊帝目多伽《イティヴッタカ》（本事、如是語）、仏弟子の過去世になせる事柄を述べた部分を云う。九に闍陀伽《ジャータカ》（本生）、仏自身の過去因位における苦行などを説く部分を云う。十に毘仏略《ヴィブルヤ》（方広）、所謂大乗方等の深義を明かす経典を指す。十一に阿浮陀達磨《アブズクダルマ》（未曽有）、経典中の神秘不思議の説を未曽有と云う。十二に優波提舎《ウパデェーシャ》（論議）、これは仏自らその教説の深義を分析し、論議する文を云う。この十二部経を明確に了知するのが知法である。

第二に『義を知る』とは総ての経典論書に説く真理に通暁すること。

第三に『時を知る』とは精進、布施、持戒などの六波羅密を修する時を知ること。

第四に『足るを知る』とは日常生活について分に安んずること。

第五に『自己を知る』とは己の信念、修養、知識の程度を自覚すること。

第六に『衆を知る』とは会衆の種類とその信仰、修徳の程度を知ること。

第七に『尊卑を知る』とは人の善悪を知ることで、信仰ある者は善、信仰なき者は悪、また信者の中にて寺院に参詣するものは善、不参者は悪、またひとしく参詣する者でも礼拝するものは善、不礼拝者は悪とし、更に法を聴き、真理をたずね、実行し、他に伝えるなど次第に向上進趣する上下によって善悪尊卑を定め、最も多くの人を向上させ、そして社会を浄化するを最上最善と知ることを『知尊卑』と云う。

かかる七善法を修し、自らを正しゅうして梵行を完うすることが出来るが、更に進んで慈、悲、喜、捨の四無量心を学修して他の向上進化をはからねばならぬ。」

四種の大乗心（四無量心）

迦葉は四種の大乗心について釈尊に尋ねるよう、

「世尊はいま、四種の大乗心と云われましたが、慈と悲は結果より云えば共に瞋恚《いかり》を除くもので結局一心であるから、他の二心と併せて三心となるではありませぬか。また四無量心はひとしく三の対象――生類（衆生縁）と現象（法縁）と真理即ち《ママ》（無縁）――即ち三縁に因る心の異なる表現であるから、心から云えば四心は一心となるべきではありませぬか。また四心各々三縁即ち境に基くものであるから、四心は三心で四心とならぬように思われます。また四心の中、前二心は比較的智者の行、後の二心は愚者の修行するところであるから、四心は二心で四心ではなく、また四心は共に無量と云って絶対的のものであるから、唯一のもので、二、三とすべきものでないように思われますが。」

「迦葉よ、諸仏世尊が生類に対して説く所の教法は、意義深遠で了知することは容易でない。一現象界を説明するにも唯一の差別変化のもの（有為法）とし、或いは因果の二を説き、或いは煩悩、業、苦の三とし、ないし無明、行、識等の十二因縁を説くなど、決して一定していない。かく仏陀の教説は縦横自在に施されてしかも含蓄が多いから多少、広略は決定することは出来ぬ。また仏陀は生類教化の方法として無常を常、常を無常、ないし非道を道、道を非道と説くことがあるが、その真意を悟らずに一概に虚妄とすることは出来ぬ。故に予はまた通俗的方法を用いて四無量心の完成に努むるが故に、その皮相のみを見て虚妄と断ずることは出来ぬ。

迦葉よ、この広大な心を四種と分類せるにも理由のあることである。四心は各体性を異にしてその結果も各別であり、またその作用も慈心は貪欲を、悲心は瞋恚を、喜心は苦を、捨心は愛憎を断つと云うが如く各々相異なる処から四としたので、この点より云えば一でも二でも三でもなく、確かに四とせねばならぬ。また汝は慈悲二心がひとしく瞋を浄化するから一心とすべきだと難じたが、同じ瞋恚にも軽重浅深があるから、これを浄化する心も当然慈（深）と悲（浅）とに分けて、二心とすべきものである。(二) 汝はまた主体たる心について一と云うも、いまはその心の働く相を論ずるが故に、活動の元たる対象に従って四でなくてはならぬ。(三) まだ対象に基くと云うも、これ等の心はその一が働けば他の三は存在しない。故に四より減ずることは出来ぬ。(四) また利鈍智愚より二種にし得ると云うも、行為そのものより分類して事実、慈を行う時には他三がないのだから、二とすることは出来ぬ。(五) 汝は無量だから唯一だと云うが、無量だから四種に分かたるるのである。無量は心と対象とに就いて云わるるが故に、両者の関係は四種の場合を生ずる。従って無量なるが故に四とすると云わねばならぬ。

この四無量心は深学の大乗教徒の学行する仏陀の境地で、浅学小乗の教徒の知る範囲でない。」

「世尊の仰せの通りであります。確かに仏陀の境地は凡ての小乗浅学の者がうかがい知ることは出来ませぬ。世尊よ、聖者が大涅槃のみ教えに従って慈悲心を養うに大慈大悲とならぬことがありますか。」

「勿論大慈とならぬものがある。対象に愛憎の別を認めて親しきものより始むるは、たとい漸次修養の結果、怨親平等の境に至るも、始めに差別を認めるが故に、これは慈をなせるもので大慈とは云わぬ。」

「たとい始めに差別を認むるも、後に怨親平等になるを何故に慈として大慈とは云わないのですか。」

「浅学の聖者は永劫の昔より薫じつけられた煩悩を捨て難く、ために容易に怨親平等の心を起し得ないから、大慈と云わないのである。然るに向上進趣して真証の生活即ち歓喜地に達すれば最極悪の一闡提に対しても、秋毫の憎しみを抱かず無差別平等の慈をなすことが出来る。かく一切の境に対して平等に円満な慈心を以て対するを大慈と名づける。この大慈を完うすれば他の三心も完全に成就することが出来る。

善男子よ、またこの四無量心は六波羅密を増長し完成せしむる。即ち一切正善の根本となり、そして無量の正善行を完うせしむるが故に大無量と名づけらるる。」

「世尊よ、私には四無量心は唯心に思うのみで実績の挙らぬものと思われます。それはあたかも不浄観をなす時、著衣を皮と想うも実は皮でなく、酪を観じて脳髄の如くとすれども実は脳でないように、心には抜苦を思い、口には与楽を云うも事実その効果はないのではありませぬか。もし虚構でなく真実、楽を与うるものとすれば、総ての生類が諸仏聖者の威徳力《みちから》によって楽を受くべきであります。然るに現に苦しみ悩む生類は世界に充ち満ちているではありませぬか。」

「善男子よ、四無量心は真実の思惟で、不真実の妄想ではない。大涅槃の深義に体達するものはそのものの真実を洞観するが故に、前に土と観たものも金となり、金と観たものが土となる。されば四無量心は決して実なき妄想ではない。かく真実の思惟となる所以は涅槃永生の真理を体認すればよく煩悩を断つからである。

また聖者の四無量心は一切正善行の根本となる。真実平等の上に起す四心なれば、この心に基いて行わるる布施も怨親愛憎の別を認めないばかりでなく、総ての束縛と執着とを捨てて施す者、施さるる者および、施物を認めず、更に布施そのもの、もたらさるる果報をも認めない。かくして始めて布施は行われ、檀波羅密は成就せらるるのである。

慈心は大乗の善本となるばかりでなく、大小一切の聖行の根本となる。一切の聖行はことごとくこの慈心を基調として行わるるとすれば、慈は汝の考えるが如き妄想ではない。

慈は実に真実の思惟であり、大乗であり、無限向上の学道であり、一切生類の父母であり、不可思議の境界である。即ち慈は万行完成の仏陀如来であると云わねばならぬ。

かくの如く大慈は真実不可思議のものなれば絶対平等の真理であり、仏性であり、如来である。故にこの大慈を修するものは限りなき威徳を具足して人を利し世を益することが出来る。大慈の徳は宇宙にあまねく一切に光被するものであるが、これに対する人の苦を感ずる程度の如何によって、その徳化に浴すると否との別がある。しかし大慈それ自身としては万有を一も漏らすことなく摂取利益するものである。故に真に大慈を完うする時はその感化力は偉大なものである。

かつてこう云うことがあった。提婆達多が予を殺さんがために阿闍世を使嗾して予が弟子と王舎城内に托鉢した時、狂酔の象を放った。象は狂い廻ってあまたの市民を殺し、鮮血は河をなし、象はその血を見て更に狂暴を逞しゅうした。予に従う弟子も阿難以外はなお実行上の迷妄（修惑）を離れていないために怖れて四散し、危険は刻々に迫った。時に市民は『ああ、如来は今日が最期であろう。しかし正覚成就《さとりをひらいた》の仏陀が殺され、滅するとは実に訝しい』と、怪しみ、提婆は『瞿曇《ゴータマ》（釈尊）も今日は必ず殺されよう、俺の願は遂げられた』と喜んだが、予は毫も恐れず静かに大慈の三昧――最高の慈愛心に住して手を伸べてこれを鎮めた。象には予の五本の指が五頭の獅子にも見えたであろう、怖れ戦いて屈伏した。しかし五指は依然として指であった。これ実に慈の徳が狂象を威伏する獅子の猛威を現わしたのである。

また拘尸城に行く途上において五百の力士の動かし能わぬ大石を動かせしことも、首波羅城の苦行者盧至《ルチ》の迫害を斥けしことも、舎衛城の波羅門の婦人婆私叱《バシシュダ》を愛児の死を縁として仏教に帰入せしことも、また波羅奈城の信女摩訶斯那達多《マハーゼーナダッタ》の瘡苦に悩み予に救いを求めた時、予の良薬を持して瘡上に塗るを見て本復せし如き、また提婆の病苦に堪えず、救いを求むる時彼には予が病床を訪れて患部を摩し、塩湯を授けたと見えし如き、また波斯匿《ハシノク》王にえぐられた憍薩羅《コーサラ》国の群賊の眼を旧の如くせしことも、また瑠璃太子がほしいままに父王を廃して自ら王位に即き、多くの釈迦族を殺害し、その婦女一万二千に残虐をほしいままにした時、その婦人等の苦悩を除いて予の姨母、摩訶波闍波提《マハープラジャーパティ》尼の許において出家学道するに至らしめたことなど、これ等は総て予自ら手を下したのでなく、全く予が彼等の悲悩を憫み慈心を起したために自然にその力が、これ等の不思議を現わしたのである。かく大慈の徳化は実に偉大で一切に光被して、これを求むるものは総てその恵みを、受くるものである。故にこの心は真実にして虚妄ではない。悲、喜の二心もこれと同様である。

善男子よ、無量とは思考し論議することの不可能を表わすのであるが、聖者の学行も思議すべからず、諸仏のなす処も、この『大乗涅槃経』も共に思議すべからざるものであるから、四無量心は実に聖者、諸仏の所行、『大乗涅槃経』そのものである。」

極愛一子の心境

「迦葉よ、慈、悲、喜の三心を完うすれば極愛一子の心地に住することが出来る。その境地を極愛と云い一子と名づけるのは、この境地に至れば、父母が子の平和安穏を見れば心に歓びを生ずるように、もろもろの生類を一子の如く視て善をなすものを心より歓ぶからである。またこの境地に至れば生類の煩悩の病を憂い悲しむことは父母が子の病に心を悩ますと同様であるから一子地と云い、また生類の身、口、意になす不善行を見て智慧もてこれを除くことは幼児が土砂や、穢物を口中に入るるのを見て、これをとり出すと同様であるから、また一闡提の地獄に堕ちるを見ては、堕獄中において改悔の機を待つため、その後を逐わんとするは、愛児の死の後を逐わんとするに似たれば、またその一切生類のあさましき生活を思念して、過悪をも咎めず善諭するは、父母の日夜にその子を思念して、その悪に対して害心をもたぬと同様であるから、これ等の相似点に寄せてこの境地を一子地と云う。」

「世尊よ、私は浅学にして到底、世尊の深意を正当に理解することは出来ませぬが、私に考えますに、聖者が一子地に住すればかくの如くであるのに、世尊は往昔《むかし》国王として聖者の学道を修せられました時むしろこれを護るべきを却って波羅門を死刑に処されたのは何故ですか。また一切に一視同仁の慈悲をもつべきに、何故に提婆を『痴人、無恥の人』と罵られましたか。須菩提の如き浅学のものでさえ、他に罪を造らしめざるために嫌忌するもののある時は、終日、座して食わないことがあった。いわんや深学の聖者が何故に暴言を吐いて、他に極重罪を造らせたのですか。」

「迦葉よ、仏陀がもろもろの生類に起罪の因縁をなすなどと考えてはならぬ。たとい蚊蝱《かのはり》が海底を尽すとも、大地が気体となり、水が堅くなろうとも、また縄を打って風を縛り、歯で鉄を毀ち、爪で須弥山を破壊するとも、仏陀は決して生類のために起罪の因縁はしない。

迦葉よ、汝は予が往昔、波羅門を殺したと云うが、聖者は蟻子でさえことさらに殺すことはないのに、どうして波羅門を殺すことがあろうか。元来、聖者の総ての学行は要は一切生類に永遠の生命を与えんがためである。あの六波羅密の如き、一として、万有の限りなき生命即ち永生を目的とせないものはない。故に聖者は決して生類の命を奪うことはない。

迦葉よ、予が波羅門を殺した時は、すでに極愛一子の境地に達していた。その事柄は殺害であるが、彼を愛するの余り命を奪うたので、そこに秋毫の悪心を含まぬ。それはあたかも一子が国法を犯した時、その父母が子の処刑の苦を惯んで擯殺し、毫もその間に悪心を有《も》たぬと同様である。大乗の経典を誹謗《そし》って阿鼻地獄に堕ち生死流転の苦を重ねしむるより、むしろその命を奪い、過去を改めて善法をなさしむるに如かずと彼を惯む慈悲の極致が殺となったのである。故に、これは懺悔信仰の真生命を与えたので、殺と名づけることは出来ぬ。

予は確かに提婆を叱陀したことがある、しかし汝はこれを非難してはならぬ。何となれば仏陀は事の正邪、曲直、時非時を了達して発言するが故に、その言う所は他の思察論議を許さぬから。予は世に愛せられても益のなき言は断じて説かぬ。しかしたとい聞くものが悦ばないでも、真実世を益し人を利する言なれば憶する処なくこれを説く。提婆の非を匡《ただ》すために、彼の非を責めたことはあるが、決して罵り辱しめたことはない。唯彼を愛するの余り、時に方法として粗暴の言を用いたが、その言葉の粗を問題とせず、その精神を取って、予が提婆を罵るなどと云ってはならぬ。」

無差別平等の心地

迦葉は仏に尋ねるよう、

「世尊よ、聖者が慈、悲、喜を完うして『一子地』を得るならば、最後の捨心を完うするとき如何なる境地に達しますか。」

「迦葉よ、よくぞ諮問した。予も恰欠字、説明しようと思っていた。聖者が捨心を修する時は空平等の理に体達して須菩提の如くなることが出来る。即ち『空平等地』に住する。この境地に至れば父母、兄弟、姉妹、妻子、親族、怨親、中人などを見ず、更に一切万有の分科、彙類、寿命などを見ない。それはあたかも虚空の何ものも止めず平等一相なるが如くである。これ『空』の真理を学修するがためである。

そもそも万有の無相を体認する『空』には内空、外空、内外空、有為空、無為空、無始空、性空、無所有空、第一義空、空空、大空の十一種がある。その内空とは主観の否定、仏性は常住不易なれば内外何れでもない。故に否定さるべきものでない。外空とは客観の否定、内外空とは実在観念との否定、有為空とは差別変化の現象の否定、仏性は有為法ではない。無為空とは本来常住とする諸象の否定、三宝及び涅槃は常住不変の無為法の如きも性善の故に厳密には無為法とは云えぬ。無始空とは現象、真理共に無始空寂にして変化なきを云う。性空とは一切万有の本体は何等執すべきもののなきを云う。無所有空とは人の『子がなくて舎宅が空だ』と云う如く、体性が空なれば現象環境の存在は認められぬ。これを無所有空と云う。第一義空とは万有の生じて来るところなく、滅して至るところのない即ち真仮の差別なきを云う。空空とは小乗教徒の理想とする空々三昧とは異って、その仮を問わず総ての執着を否定すること。大空とは万有の全的否定にして般若波羅密を云う。かくの如く万有に対する観察が進転して般若波羅密を完うすれば即ち『空平等地』に入ることが出来る。

迦葉よ、この『空』の理を体験するときは何ものの拘束も受けず、一切の迷執を離れて自由の天地に遊ぶことが出来る。

かくして一切の束縛を脱し迷妄を離るればそこに始めて真実知見の活躍を見る。即ち心境、内外、因縁等の十三法を知り、また種々の苦行が真の解脱道にあらざること、布施行を成しもろもろの波羅密を完すれば必ず解脱涅槃に入り得ること、仏陀の常住と仏性の普遍なること、生類の信心成就して大乗を求むれば、彼岸に到り得ること、慚愧懺悔して自らその罪過を責めて身を修め戒を修め、心を修め、慧を修めて生活の障碍を転ずること、仏性普遍なるももろもろの煩悩に覆わるるが故に現われざることなどを知り、また真俗二諦、証《さと》り（実）と救い（権）の二智を了知する。そしてその真実の知見は四無（礙）として現わるる。四無礙とは、一、法無礙は万有の名字に透徹し、二、義無礙は万有の理法に体達し、三、詞無礙は言語音声に通暁し、四、楽説無礙は演説論議の自在なることである。」

「世尊よ、世尊は舎利弗のために『予は世人の知るところは勿論、世人の知らざることをもことごとく知っている』と説かれたと云うことでありますが、それは如何な義《わけ》ですか。」

「迦葉よ、世人は仏性を知らず、見ず、覚らない。もし仏性を知、見、覚するものは凡人と云わずして聖者と名づける。世間の人は教説の十二の彙類、現象説明の十二因縁、四種の価値観の顚倒（四顚倒）、四種の真理（四諦）、三十七科の修養法（三十七道品）、無上の学道、大涅槃などを知、見、覚しない。もしこれ等を知、見、覚する者は世間と云わず、聖者と名づける。これが世間の知見覚せない処であるが、彼等の知見覚する所は梵天、自在天、時間、原素などを造物者なりとし、世界の創始を認め、意識界と観念界とを涅槃となすことなどである。

迦葉よ、男女、波羅門、僧侶を問わず『修養、研究、永生などはない』と言わばこの輩を一闡提、悪魔の一族とし、謗法者と名づける。かかる謗法者はやがて仏を謗るもので、この人は凡人とも聖者とも名づけられない。」

仏教の道徳生活

「迦葉よ、男女を問わず、『涅槃経』を聞いて敬信を起し、無限向上の学道心を起せばこれを世間の聖者と云う。この聖者もまた世間に同じく知見覚することの出来ぬものがある。しかし聖者は私に念うに『ひとしく「涅槃経」を聞きながらなお不知見覚の境があって、全然差別界を超越し得ぬのは歎かわしいことだ。聖者たるものは必ず一切の差別観を捨てて、知見し覚証し能わぬ点があってはならぬ。かくする方法は唯堅い決心を以て、戒律を持つ外はない』と。この発願と精進とによれば爾後の如何なる生活においても、常に持戒清浄にして、憍慢と邪見と孤疑とを捨てて仏陀の入滅を口にすることはない。これを仏教の道徳生活と云う。この道徳生活によって禅定――精神の帰嚮統一が行われて純正な思考の下に、仏陀の教説を究め、そして『悉有仏性』と常、楽、我、浄の四属性とを体認するに至る。『戒』と『定』とを完うして次に真実智を研磨する。この真実智によって此身と真我とが存在して真我の中にて此身のあることを認めしむる。しかしこれぞ身、これぞ我と或いはこれぞ非身、これぞ非我と固執することはない。これが聖者の真智研磨の生活である。

戒と定と慧の三は互いに資助して倍々進転向上するものである。真智を研磨するによってその道徳生活は一層練磨されて、如何なる誘惑に対しても動かざることは須弥山の四風に小動《ゆる》ぎさえしないと同様である。また他の一面より云えば道徳生活の向上し精錬さるるに従って心に悔恨がない。悔恨がなければ心は歓喜に満つる、歓喜は悦楽へ、悦楽は安穏へ、安穏は心意を不動帰一ならしむる。精神が統一されて確固不動の状態において始めて万有の真実相を観ることが出来る。万有の真相を究めて差別流転の相を見定めてこれを脱離する。差別相の脱離は解脱で、ここに仏性は開顕せらるる。かく次第して知見覚し、そして仏性の顕現するを『世間に非ず』と名づける。

善男子よ、もし予の弟子にして『大涅槃経』を奉持し、読誦し、書写し、宣伝してしかも道徳生活を破るものがあれば、その身を禍するのみでなく、無数の人に謗法罪を犯させて地獄に堕すことになる。何となれば世人は我が弟子の破戒を見て仏陀の深奥の教義を説く『大涅槃経』に威力があれば、これを愛読して宣伝する人に戒を破らしむることはないはずである。然るに現に『涅槃経』を受持しながら破戒するもののあるは、その経典に威力のない証拠である。威力のないものなれば、それを読み、宣伝するとも何等の効果もあるまいと。経を謗り法を破るから。故にこの経を受持して戒を毀る者は生類の大悪知識で、予の弟子でなく、悪魔の一族である。かくの如き人にはこの経典を受持することを許さない。

善男子よ、予の弟子にして涅槃経を受持し、読誦し、書写し、宣伝するものは身心を正しくして軽跳浮薄の挙動があってはならぬ。徒に流転の相続（有）を求めて業を作るを軽跳浮薄と云う。故にこの経を受持しながら、『有』を求め業を作るものは生類の大悪知識で、予の弟子でなく、悪魔の一族である。」

六種の思念

「善男子よ、また『六念』を世間の知らず、見ず、覚らざる所、聖者の知り、見覚《さと》る所と名づける。六念とは念仏、念法、念僧、念戒、念施、念天これである。念仏とは如来、応供、正遍知、明行足、善逝《ぜんぜい》、世間解、無上士、調御丈夫、天人師、仏、世尊（この十は仏陀の異名、仏の十号と云う）は常住にして変易なく、十種の威力と四種の優越性とを具えて常に大獅子吼し給うと念願するを云う。

仏陀を如来と名づけるのは過去の諸仏の教うるままに、六波羅密、三十七種の徳目を修め、十一種の『空』を観察して遂に大涅槃に至るからである。

また応（供）と名づけるのは仏陀は怨である世間の束縛を断除し、また四魔を破り、煩悩を遠離して一切生類の供養を受くるに堪ゆる徳を具えているから。

次に正遍知と名づけるのは正とは不顛倒、偏知とは四種の価値観の顛倒に通達する、即ち真理を究め尽して余す処がない故《ママ》から。

次に明行足と名づけるのは仏陀は道徳（戒）と智慧（慧）の足（行）によって無量の善果即ち真理に透徹し明らかに仏性を見るから。

次に善逝と名づけるのは仏陀は最初の発心（善――善知識）を捨てずして大涅槃（逝――善知識の果）を得るから。

次に世間解と名づけるのは仏陀は一切の現象を知り、五欲に執着しないから。

次に無上士と名づけるのは、仏陀には煩悩がないから断ずべき何ものもなく、従って世に勝るもののない大士であるから。

次に調御丈夫と名づけるのは、仏陀は丈夫にもあらず、不丈夫にもあらで丈夫を調うるから。

次に天人師と名づけるのは、仏陀は一切生類を指導する大師であるから、人天と限れるは無上の学道心を起し十善道を修してその証果を得るものは天と人とに限るからである。

次に仏とは覚《さとる》の意、如来はすでに自ら覚りまたよく他を覚らしめてもろもろの煩悩をなす所なからしむるが故に仏と名づける。即ち自覚覚他にして煩悩の拘束を受けないから不生、不死、不病、不老である。

次に婆伽婆《バガブット》――世尊とは煩悩を破し、善法を成就して名声が十方に遍く、そして世に尊重せらるるから、この名がある。

かくの如く仏陀の生活内容を知るを念仏と云う。

第二に『法を念ずる』とは、諸仏の説くみ教えは最高最勝なりと思念することである。仏のみ教えは永遠不滅の真理で、諸仏聖者の居所であり内容である。故に一切生類の永恒の依憑で、舎なきものには舎と、帰なきものには帰と、明なきものには明となって、未だ彼岸に至らざるものを涅槃の彼岸に至らしむるものである。

第三に念僧とは諸仏聖俗は唯一の教法に依準して教のままに修行すると思念することである。信は一切生類の清浄無穢の良福田にして永恒に変ることはない。

第四に念戒とは『戒は破るまい、一戒も漏すまい、邪戒と雑《まじ》えまい。たとい形や色がないからとて飽くまで護持しよう。諸仏聖者の讃歎する大涅槃の因であるから』と思念することである。この戒の中に生活すれば須陀洹果《しゅだおんか》（預流）即ち三界の智的迷妄を断尽して聖者の流類に入ることが出来る。しかしかくては一切の生類を済度し難きが故に予は敢えて須《もち》いない。またこの念戒によって無限に向上の一路を辿る（無上菩提心）ことが出来る。予の希望する所はこの菩提心である。

第五に念施とは布施は無限向上の涅槃永生の因にして諸仏聖者の親近し修練するものだと観察することである。聖者は命を施すによって成仏の時、常住の仏身を、また楽を施しては安楽を得る。かの真我と云い、十力と云い、四無礙と云うは何れも布施を因として獲得せらるるのであるが、その詳細は雑華（華厳経？）の中に説いてある。

第六に念天とは四天王の住処ないし観念世界の最上位さえ、変化常なき世界で、真の涅槃永生の境は予のかつて説いた第一義天にあることを思念するのである。この第一義天は一切の煩悩を断除して不生、不老、不病、不死の天地であるが、信仰があって戒、定、慧を完うするものは至ることが出来る。」

次に釈尊はこの経典を讃えて、

「善男子よ、十二種に彙類した小乗の経典を受持し、読誦し、書写し演説するのとこの『涅槃経』を受持、読誦、書写、演説することは甚しい相違がある。それは『大涅槃経』は一切の真理体現者の説く最高深遠なる教学の蔵であるからである。かくの如くこの経典は深遠なる妙義を説くが故に、浅学の者の思議すべきものでない。」

とて、各方面より経典の功徳美点を称揚せられた。時に拘尸城外の娑羅林に雲と集いしあまたの大衆は、この説法を聞きながらも、釈尊の入滅の近きを思うて「世界は虚空《から》だ、世界は闇黒《やみ》だ」と悲歎にくれた。

迦葉はそれを慰諭して、

「汝等は毫も悲しみ歎くことはない。世界に変りはない、仏陀は永遠不滅の存在である。法と僧ともまた常住である」と。

大衆はこの慰諭によって悲しみを止めて一同ことごとく無限の向上心を発した。

阿闍世王の懺悔

摩掲陀の国王阿闍世王は性質の甚だ悪い人で、好んで殺戮を行い、三毒の炎を燃やして唯現在を見て未来を見ず、もっぱら悪人を眷属とした。そして現在の五欲をほしいままにするが故に辜《つみ》なき父を殺そうとして種々に苦しめた。

然し父を殺した後、その暴逆を悔い、非常な良心の呵責を受け遂に全身に腫物を生じてその悪臭は近づくことが出来ないほどであった。王は心から懺悔の心を起して「私はいますでにかかる苦しみの果報を受けている。未来は必ず地獄にゆくより外はなかろう」と、病床に悶え苦しむのであった。時にその母、韋提希は昼夜側《そば》を離れず、薬を塗って介抱したが、阿闍世王の肉体は日々夜々に腐ってゆくばかりで病勢の弱る模様はなかった。王はやるせない苦痛に母を呼んで、

「母上、私の病気は単に体のみの病ではなく、心から出た病気でありますから、この病気を癒し得るも

のは誰もありませぬ。私はただ業にひかれて死んでゆく外はありませぬ。」
その時、月称と云う大臣が病床を見舞って「大変、憔悴《やつれ》ていられますではありませぬか、病気は如何ですか」と。そこで王は「身と云わず心と云わず日々に苦しみを加えるばかりである。これは全く辜《つみ》なき父を殺した報いで、かかる心からの病気は如何なる名医も癒すことは出来ない」と答えられた。月称は大王を慰めて「病は気からと申せば、悲観してはなりませぬ。王様は業によって地獄にゆくと申されますが、誰が往ってこれを見たものがありますか、現に哲学者富蘭那が云っているように、世の中にはそんな業と云うようなものはありませぬ。彼の富蘭那こそ大王の身心の苦を除くことでありましょう」と。

次に蔵徳と云う近臣が訪れて申すには「大王は父王弑逆の罪の報いとしての病苦だと申されますが、国法としてその父を害すれば『逆罪』に問われて罰せられますが、哲学者末伽梨拘舎離子《マスカリーゴーシャーリプトラ》の云うように、体は地、水、空、風、苦、楽、寿命の七分によって構成さるるもので、これらのものは何ものも傷害することの出来ぬものですから、事実殺すのでない。殺さないものに罪のあろうはずがありませぬ。」

また実徳《じっとく》と云う大臣が訪ねて申すには「大王には苦しみ歎くことはありませぬ。国の平安のためにはたとい父を殺しても罪はありませぬ。大王にはいかなる名誉もこの業病は癒すことが出来ぬと申されますが、ここにその難病を癒し得る哲学者が居ます。それは珊闍耶毘羅抵子《さんじゃやびらていし》と云う人で、常に弟子に教うるに『王様は法律以上のものであるから如何なる悪事をなすも罪はない、またこの世界に命終すればこの世界に還生するので、地獄などの他の世界にゆくことはない』と、大王は意を寛うして愁うることなく、速やかに彼の師について身心の苦を治されますようにお願いいたします。」

次にまた近臣の悉知義《しっちぎ》が見舞って申し上げるには「そんなに悲観せられましては、病勢は募るばかりです。病は心を平静にするに如くはありませぬ。大王は父王を殺されたために地獄に堕ちると愁苦《かなしま》れますが、昔からあまたの人が父を殺してその位を奪いましたが一人も地獄に往ったものはないではありませぬか。昔の羅摩王跋提《ばつだい》大王、毘楼真《びるしん》王、那睺沙《なごしゃ》王などや現在の毘瑠《びる》離王、優陀耶《うだや》王なども皆父を殺したが、一人も地獄に堕ちず、また地獄にゆくと懊悩するものもありませんでした。どうぞつまらぬ恐怖に執われませぬように願います」と諫めた。

次にまた大臣の吉徳が病床を訪ねた。大王が言うには「お前は心配するなと云うが、これがどうして心配せずにいられよう。或る学者は『たとい一日に三百の矛をもって突き虐《さい》なまれようとも父母を害しようなどと考えてはならぬ』と云った。私《わし》は刻々に地獄の猛火に近づいている。どうして愁悩せずにいられよう」と。すなわち吉徳は「誰が来て地獄があるなどと王を誑かしたのですか。地獄は元来、学者の思想上の産物で、実在のものではありませぬ。大王よ、天地自然の道理として麦を植えて麦を得、稲を種えて稲を得るように、地獄を殺すものは地獄を、人を殺すものは人を得るものである。またこの世には事実、殺人殺生などの行わるるものではありませぬ。有我論より云うも無我論より云うも殺害の事実は認められませぬ。もし有我論より云えば常住不易の我を殺害することは出来ませぬ。従って殺害の罪はない。もし無我論より云えば万有は無常であるから、念々に壊滅している。念々に滅するとすれば加害者も被害者も念々に滅するのであるから、殺すのでもなく、またたとえ殺すとするも罪を受くべきものがないのであります。さすれば大王にはすこしも愁《なげ》くことはありませぬ。」

最後に近臣の無所畏が奉伺して、

「大王にはお歎きになることはありませぬ。王族が国家のため沙門、波羅門のため、国民を安ずるために殺人するも、それは罪になりませぬ。先王は沙門を尊敬せられましたが、波羅門には帰依せられず、即ち平等の徳が欠けていました。大王がこの度もろもろの波羅門を供養せられんとして、先王を殺されたからとて、罪になろうはずがありませぬ。また殺害とは寿命を奪うことでありますが、寿命は呼吸即ち風気であるから、どうして風を斬り、寿命を害《そこな》うことが出来ましょう。されば大王にはすこしも愁《なげ》かるることはありませぬ。禁欲主義者の尼乾子《にけんし》は云っています。『この世の中には善悪迷悟の別なく、時間が経過すれば自然に解脱も得られる。唯時間さえ過ぎれば何人も一様の解脱を得る』と。そうだとすれば親殺しなど問題でなく、何も怖れることはないではありませぬか」と。入れ代って種々にお慰め申し上げたが何れも世間並みに、ただ阿闍世王の意を迎えんとする諂い言で、真に王の心の奥底を叩いて懺悔を徹底させようとするのでなかった。故に彼等の慰めは慰めとならず却って懊悩を深めて病苦は益々増すのであった。

耆婆の勧説

時に名医として天下に名を馳せている耆婆《ぎば》が病床を訪ねて、「大王にはその後の御気分は如何ですか、よく安眠《おやすみ》になれますか」と訊ねると阿闍世王は答えて、

「耆婆よ、私の病気はなかなか重くて、如何なる良医、妙薬、呪術《まじない》も治すことの出来ぬ心の病気である。日夜に苦しみ悶えているものがどうして安らかに眠ることが出来よう。予の病気を治し得るものはないのであろうか。」

「罪を造っても慚愧懺悔の心を懐けば罪は消え苦は除かれます。大王には罪を造られましたが現に懺悔していられる。仏陀のみ教えによれば『二の清浄行が生類の罪を救う、一には慚、二には愧である。慚とは自ら罪を作らざること、自ら羞恥《は》じること、人に羞じることで、愧とは他をして罪を作らしめざること、人に告白して懺悔すること、天に恥じることである。しかして慚愧のない者は人と云わず、畜生と云うべきである。慚愧あるが故に父母、師長を敬うことも出来るし、慚愧あるが故に父母、姉妹に親しむことも出来る』と。喜ばしいことには大王は心から慚愧していられます。仏陀の説かれますには『智者には罪を造らないのと、造った後に懺悔するのと、二つあるが、愚者にもまた、罪を作るのと、犯した上隠匿するのとがある。先に過まって罪を造ることがあっても、後にそれを告白懺悔して敢えて再

び作らないことは、あたかも濁水の中に宝珠を置けば、珠の威力にて直ちに清水となり、暗雲晴るれば月の澄み亘ると同様である』と。大王がもし真に懺悔して慚愧の心を起さるれば、父王殺害の重罪も消えて本の清浄に還られましょう。罪を犯して覆蔵するのが最も恐しいことである。隠せば罪は他の罪を生みて次第に拡げられ深められて遂に地獄に堕ちる外はありませぬ。故に諸仏は『智者は罪を覆蔵せず』と説いていられます。どうか大王にはよく因果を信じて業の恐るべく、果報の苦しむべきことを信ぜられますようにお願いいたします。さすれば何にも御心配に及びませぬ。

世界に救われないものは唯一闡提のみであります。しかし一闡提とて絶対的のものではありませぬ。罪を作り、因果を信ぜず、罪を匿して慚愧せず、善友に親しまず、諸仏の教誡に随わない人を一闡提と云うので、慚愧懺悔の前には一闡提の名は失せて、救いのみ手は伸べらるるのであります。大王は一闡提ではおわさぬ。故に救療せられない理由がありませぬ。

大王には『なお犯した罪は消えぬ』と仰せあるかも知れませぬが、それではここから十二由旬を距る拘尸城の娑羅双樹の間で、目下あまたの会衆に最後の説法をしていらるる釈尊の許に参りましょう。釈尊の大慈悲は限られたものでなく、怨親等しく恵み、憎愛同じく救われます。故に釈尊は限られた弟子の師でなく、普く一切の人類、鬼神、地獄、畜生、餓鬼の師であります。単に尊貴の跋提迦王のために説法するのでなく、下賤の優波離のためにもらる《ママ》る。独り長者須達多の奉ずる供養のみでなく、貪人《ママ》、須達多の食も受けらるる。単に無欲の大迦葉の入団をゆるすのでなく、欲深かの難陀の出家入団をゆるされ、かつては全インドを震憾させた大賊、鴦崛魔《おうくつま》も教団の大切な一員とせられた。かく釈尊は平等公正の心の所有者でいらせらるるから、一ヶ月間一切生類に奉仕供養することも、一念、仏を念ずる功徳の十六分の一にも当りませぬ。たとい黄金を鍛えて人を作り、数百の車馬に宝を山と載せて布施しようとも、発心懺悔して仏に向って一歩を運ぶには及びませぬ。また百の象車に大秦国の珍宝を載せて布施することも、発心して仏に向って一歩を運ぶことには及びませぬ。いま大王においても恒河《ガンジス》の砂にも増す生類に供養せられますより、一たび娑羅双樹の間に赴かれて誠心に仏の説法を聴くに越したことはありません。」

「釈尊は垢染《けがれ》と云う垢染はことごとく離れて清らかな月の如き方である。それに従う教団の人々も皆煩悩を離れた聖人である。然るに私《わし》の如き極悪非道の者が如来の所《みもと》に行くことが出来ようか。」

その時、空中に声がして、

「今や甚深の法河は涸れ、大法灯は滅し、法山は頽れ、法船は没し、法樹は折れて仏日は将に大涅槃の山に没せんとしている。大王よ、もし仏陀が世を去られたならば汝の重病は誰によって救治されるか。阿（無）鼻（間）地獄とは苦熱懊悩の間断なき無間地獄のことであるが、汝は当然その恐怖の世界に堕つべき思業を犯している。予は汝の身の上を憫むが故に勧める。速やかに仏の所に行け、疾く、疾く。仏を除いては誰も汝を救うことは出来ぬ」と。

阿闍世王はこの声を聞くと戦慄して芭蕉葉の風にゆらぐ様に全身を慄わした。そして天を仰いで「一体何者であるか、姿を現わさずして我が名を呼ぶものは誰だ。」

「誰でもない。我は汝の父、頻婆娑羅である。汝は耆婆の進言に従って速やかに釈尊の許に行け。佞奸邪智な六臣の言に耳を貸してはならぬ。」

阿闍世王はこの声を聞くと悶絶して地にたおれ、病勢は昂進して臭穢は更に倍加した。

無根の信

時に釈尊は娑羅双樹の間より遥かに阿闍世王の悶絶してたおれたのを見て大衆に告げらるるよう、

「阿闍世王は己の罪を恐れかつ予の永滅せんことを悲しんで悶絶したようだ。予は阿闍世王の蒙を啓きその罪を救うために世に住して永劫に入滅することはない。」

かくて釈尊は月愛三昧に入り、貴賤を別たぬ慈愛の光明を放って王の身を照された。この光に照されて王の身瘡《かさ》は癒え熱悩は除かれた。王は急に毒瘡の癒えたことを怪しんで耆婆に質された時に、耆婆は答えて、

「この瑞相は全く大王のために現わされたので、先ず大王の身を治し、しかして後に心に及ぼされるのでしょう。」

「耆婆よ、釈尊は予の如きものも救って下さるるのか。」

「父母の子に対する愛情は不平等ではありませぬが多くの子の中で病子が最も気に掛るように、釈尊の慈悲も一切の生類に対して不平等ではないが、罪ある者に一層の念いを寄せられます。」

「耆婆よ、予は以前『仏陀は悪人と座を共にし互いに談論しない』と聞いているが、予の如き悪人がどうして仏にまみえることが出来よう。もし強いてまみえんとすれば大地が割けて我が身は陥没されはせぬか。」

「如来はなお一闡提のためにも正法《みおしえ》を演説せられます。一闡提でもない大王がどうして慈悲の救済を蒙らないことがありましょうか。」

「耆婆よ、釈尊が我が如きものを、かくも不愍に思い給うならば、喜んで参ろう。しかし予が新生涯に入るめでたい門出だから、吉日良辰を選んで往こう。」

「仏教には吉日良辰など云う迷信はありませぬ。日の吉凶は問題でなく、ただ仏所に行けば罪を滅して下さるのです。さあ参りましょう。」

かくして阿闍世王は種々の供養を調え、あまたの従者を従え、行列美々しく拘尸城に向われた。

時に釈尊は大衆に告げらるるよう、

「あまたの求道者よ、求道者の持つべきものは善友である。阿闍世王は来月七日には命終して無間地獄に堕するところであったが、耆婆の進言に随ってその苦難を免ることが出来た。実に求道の第一歩は善友である。」

阿闍世王は途上において波斯匿王の子毘流離《びるり》、提婆の弟子瞿伽離《くがり》の堕獄を聞いて怖れを生じ、鳳車に耆婆を同乗させて釈尊の許に往ったが、その端厳なる尊容を拝しては、自ずと威圧を感じて思わず額ずくのであった。

そこで釈尊は「大王よ、阿闍世大王よ」と呼びかけられた。阿闍世王はここに始めて非常な歓びを感じて「私の如き極悪人に対してかかる愛言を以てせられましては勿体ない。いま始めて仏陀の大悲が一切の生類に対して平等に注がるることを知りました。実に世尊は全生類の父であり、大師であります。私は梵天、帝釈天と起居を倶にすることよりも、只今の世尊の一言に無上の歓びを覚えるのであります」と歓びかつ感謝した。

釈尊は救済についての信仰を起させるために阿闍世王に告げらるるよう、「凡そ道を求むるものは常に自己を反省してその罪悪に満たされ、真理に背き闇より闇へと流転を重ねていることを観察せねばならぬ。

大王は辜《つみ》なき父王を殺した罪によって決定的に無鼻地獄に堕つると云うが、万有には決定相と云うものはない。汝が必然的に無間地獄に堕つると考えるのは汝の迷妄である。大王は辜なき父を殺したと云われるが、その父とは何物であるか。世の人々は多くその肉体を父と思っているが、その肉体なるものも実は念々に生滅して停止するところがない。念々生滅のものをどうして殺すことが出来ようか。殺人の罪を構成しないものが、決定的に地獄にゆく理由がない。

またもし父を殺したために大王が罪を得れば我等諸仏にもまた罪がある。何となれば頻婆娑羅が王家に生れたのはかつて諸仏を供養した報いとしてである。王家に生れさえせねば汝に殺さるることはなかった。故に汝に罪があれば我等にも罪がある。諸仏世尊が罪を受けずに汝独りが罪を得るはずがない。

また頻婆娑羅が汝に殺さるるが如き不幸を見たのも、昔、頻婆娑羅が遊猟に出でて猟の妨害せしとて一仙人を殺した悪の報いである。かく王家に生るる善果と子に殺さるる悪果とを併せ有《も》たれたように、果報は一定しない。果報が不定なれば殺もまた不定、従って必ず地獄にゆくと定まったものでない。

また大王の逆害は一面から云えば国を貪る貪欲の酔にまぎれて犯したことで、本心ではない。本心でないものに罪は論ぜられぬ。酒に酔って本心を失える者の犯罪を罰し得ないと同様である。

大王は宮中において神に捧げる犠牲《いけにえ》として常に羊を屠っていることであろうが、それを懼るる心は毫もなく、唯父を殺したことをのみ怖れている。元来、人と獣とには尊卑の別はあるが生を愛し死を畏ることは二者異なるものでない。然るに何故に羊に対しては罪を懼れず、父に対しては堪え難き憂悩を生ずるのであるか。これ皆愛欲のなす業《わざ》で、如何なる微生物にも人と同じ慈愛を以て対する人間の本性は決して殺生をなすものでない。大王においてもその本然の性は愛欲に覆われて自由を得ず、ために父王殺害の大罪を犯したのであるから、大王の本性には咎むべき罪はない。

大王よ、物質は無常である。無常の物質に因って生ずるものは総て無常である。精神およびそれに因って生ずる総ての精神現象もまた無常である。かく一切万有は無常なれば苦である、苦なるものは永遠の実在でなく（空）、従って主宰の主体もない（無我）。果して万有が無常、苦、空、無我ならば何が殺すのであろうか。無常を殺さば涅槃永生を、苦を殺さば楽を、空を殺さば実を、無我を殺さば真我を得るので、徒に殺害を恐るることはない。かくの如き殺害は大いに喜ぶべく、勧むべきことである。大王よ、もし無常、苦、空、無我を殺さば予と同じく則ち仏陀である。予は現にこれ等の殺害をなすも地獄にゆかないではないか、汝のみ地獄にゆく理由がない。」

ここにおいて阿闍世王は釈尊の教えのままに一切の現象を観察して始めて万有の本然の相を体認した。そして喜びに満ちて釈尊にもうすよう、

「私は始めて万有の無常、無我なることを知りました。私が大罪を犯したのも万有を常住と思う主観的迷妄によったからであります。全くこの世界観の誤謬が父を殺させたのであります。私はいま始めて、予て聞いていた『諸仏世尊は常に生類のために父母となる』の真意を了することが出来ました。世尊よ、伊蘭からは伊蘭を生ずるので、伊蘭より栴檀を生ずる理はない。然るに私はいま伊蘭子より栴檀を生ずる不思議を見た。伊蘭子は我が身で、栴檀樹は即ちこれ我が心、『無根の信』であります。私は初め如来を尊敬することを知らず、その教法、教団の人々を信じなかった。この求道の根基のない一闡提が、いま仏にまみえ仏の慈悲によって信仰の花を咲かすことが出来ました。これを『無根の信』と云うのです。」

釈尊は更に力を入れて、

「汝が懺悔して救済されたことはやがて未来一切生類の悪心を破壊するものである」と、王を讃え、王の歓びは更に次の努力を生みて、

「世尊よ、信仰の開発によってもろもろの生類の悪心を破壊することが出来る身には、今が今まで身心の衰えるほど恐れ悩んだ阿鼻地獄に在って、永劫の間、生類のために大苦悩を受けようとも、つゆ苦痛とは思いませぬ。」

かくて阿闍世王の発心求道によって夫人、後宮、采女を始めあまたの摩訶陀国民も皆無上の学道心を発《おこ》した。

釈尊はなお将来の求道精進を誡めらるるよう、

「大王よ、止まざる求道の心は限りなき生命と悦楽を生む。故に常に精進して無限の向上に努めねばならぬものである。精進求道はよく無量の罪過を消滅することが出来るから。」

そこで、阿闍世王は歓びと感謝に満たされて同じ喜びを持つあまたの官民を従えて仏を繞り、尊敬の誠を示して宮城へと還った。

第三の天行に関しては「雑華経」（華厳経？）の中に説いてある。

仏性と嬰児〈嬰児行品〉

釈尊は五行の第五嬰児行について語らるるよう、

「嬰児行と云うのは涅槃永生の四徳、常浄我楽が嬰児の不起、不住、不去来、不語に似るから名を立てるのである。『起つ能わず』とは如来は差別変化の現象を認めないから。『住する能わず』とは如来は万有に執着しないから。『不能去来』とは如来は主観に動揺なくすでに永遠不滅の大涅槃を得ているから。『語らず』とは如来は絶対的のものなれば生滅の言説を有《も》たぬから。たとい語ることあるも説即ち無説なれば不語と云い、また仏の秘密の言は生類に理解せられず、また生類に応用して説をなすことあるも実は無語であるから不能語と云う。

また如来は嬰児の大字（啝）のみを云うように、浅学の者に常住と云っては邪見に陥るから無常と説き、また嬰児が苦楽、父母を弁別しないように、その心は平等にして親疎がない。また嬰児は大小の仕事をなし得ないように、聖者は五逆罪（大）をなし、向上心（小）を退することはない。また嬰児の黄葉を黄金と思い、木馬、木牛を真の牛、馬と思うように、如来もまた教化誘導のためには非なるものを実と説くことがある。即ち実は固体としての固体なるものはないが生類なしと云えば邪見に陥るから仏は生類ありと云う。生類の中にて生類の想をなすものは生類の想を破ることは出来ぬ。もし生類の中において生類の想を破する者は即ち大涅槃を得る。大涅槃を得るが故に別離を悲しむことはない。かくの如き病行、聖行、梵行、天行、嬰児行の五行を受持し、読誦し、書写し、解説するものは、必ずこの五行を完成して涅槃永生を得ることが出来る。」

迦葉は釈尊の五行に就いての詳細な説明を聞いて「私は釈尊の御説の主意を了解いたしましたから必ず五行を完うすることが出来ると信じます」と。時に釈尊は答えて、

「汝、独りが五行を完うするのではない、ここに会する九十三万の人々も同じく五行を完うすることが出来る」と。

第十七　解脱道の十徳〈高貴徳王菩薩品〉

聞、思、修の三慧

次に釈尊は聖者高貴徳王に告げらるるよう、

「上に説くが如き大乗涅槃の五種の学行を完うすれば十種の徳能を得る。その功徳は小乗の全然知らない絶対的のもので、差別心を以て考えることは出来ぬ。実に幽玄高妙にして唯驚くの外はない。有無何れをも離れた真空妙有であるから小乗（内）および外教徒（外）のうかがい知るところでない。故に専心、道を求めて学行する者には容易に知らるるが、唯怠惰放逸の者は望みを絶たねばならぬ。一切の差別相を離れてしかも万差の相を現わして毫も欠ぐる処がない。真如法性のありのままの顕現なれば因果の拘束を受けず、一切の差別を離れた超世間のものである。

その十徳の中、第一徳とはこれを五に分ける。『一は聞かざるものを聞く』即ち慧である。一切の生類が総て仏性を具えていること、仏、法、僧が一体として差別のないこと、三宝の本質相状の常楽我浄なること、如来は常住不変にして涅槃、永生そのものなることなどは四吠陀、毘伽羅論（言語学）衛世師論（勝論――多元論）、迦毘羅論（数論――二元論）、天文学、医学、技芸、呪術および、毘仏略を除く十一部経には未だ説かざる処で、この経において始めて聞くことが出来る。二に聞いて理解する即ち思慧である。大涅槃経の深義を聴受すればよく一切の大乗経典の深い教義を理解して、了々たることは明鏡に対するが如くである。従ってこれを他に向って説明するにその本義に悖ることはない。

三は疑心を除く、これは智慧の作用である。疑には現象（名）に関するものと、本体（義）に関するものとがあって、経を聞くものは現象についての疑を除き、本体について思惟するものはそれに関する疑を断ずる。また疑を五種に分ける。一には仏は入滅するや否やを、二には仏陀は常住なるや否やを、三には仏陀は真楽なるや否やを、四には仏陀は真浄なるや否やを、五には仏陀の真我なるや否やを疑う。この経を聞くものは仏の涅槃に関する疑を除き、進んで書写し、読誦し、他に説明し、その妙義を思惟して学行するものは永く四疑を断ずることが出来る。総てこの経を聞かざる前に抱いた世間、出世間のあらゆる疑を除くのである。

四は得たる智慧の純正にして邪曲なきこと、即ち智慧の体について云うのである。涅槃経を聞かざる前においては疑心を抱くが故にその見る所はことごとく誤謬である。即ち煩悩の染《けがれ》あるものについて常楽我浄を見、却って如来において無常、苦、不浄、無我を見、観念の消滅を涅槃処と考えている。殊に大なる誤りは涅槃の深義を知らぬものは予の出生、出家、学道、降魔、成道、布教、入滅を相のままに見て、その真義の那辺にあるかを知らない。余の生涯について云わるる八相の如きは全く声聞、縁覚の如き浅学固陋の徒の曲見である。涅槃経を聞くものは仏陀の本来不動の覚体なることを知る。

五は如来の深義即ち大乗涅槃を体認する。一切の生類は本来、何物も侵すことの出来ぬ尊厳神聖なる仏性を具有している。故にたとい、殺生、偸盗、邪婬、妄語を犯し、また正法を誹謗し、五逆罪を犯して全く求道の信念なきものも、一たびこれを懺悔し慚愧すれば本然の仏性はそこに現われ来たって、無上の仏道を完成して仏陀となることが出来る。」

高貴徳王聖者は仏の説に不審を抱いて質問するよう、

「世尊よ、凡て物は有なれば必ず有、もし無なれば決定的に無である。従って聞けば聞で、聞かなければ不聞であるのに仏は何故に『聞かざる所を聞く』と云われましたか。聞くべからざるものは絶対に不聞ではありませぬか。もし世尊の如く云わるれば未だ仏性を見ざるに仏性を見ると云うべく、然らばかつて『聖者は十住（理解）においては仏性を見るも未だ明了でない』と云われた言葉と矛盾するではありませぬか。また不聞聞と云わば世尊は往昔誰に聞かれましたか、もし聞かれたとすれば世尊が『阿含経の中に我に師なし』と云われた言葉と矛盾するではありませぬか。もし仏陀は『大涅槃経』を聞かずして仏性を見るならば一切生類のこの経を聞かないものもまた仏性を見ることになるべきではありませぬか。

世尊よ、色と声とを客観とする時、吾々は見聞すると否との場合しかありませぬ。然るにこの大涅槃は色でもなく声でもなく、しかもなお見聞すべからずとは意味をなさんではありませぬか。また大涅槃には時間上三世の区別がないと云われましたが、三世がなければ説くことも出来ず、従って聞くことも出来ぬ。果してそうだとすれば『大涅槃経』を修して聞かざる所を聞くと言うことは出来ないと思いますが如何ですか。」

「汝はよくぞ一切万有の幻の如く、焔の如く、泡沫の如くにして命もなく、我もなく、苦楽もないと知ってくれた。それは理解（十住）の地位にある聖者の見解と同じい。」

体験の真理

時に何処からともなく光明が映《さ》して会衆の身心を安らかにした。文殊は釈尊に迦葉は文殊に、無辺身は迦葉にと五百の聖者が次第にその光明の源を訊ね合ったが何れも黙して答えなかった。そこで文殊は釈尊に促されて語るよう、

「世尊よ、その光明は智慧の光であります。智慧は常住不易の大涅槃および如来の異名であって、因縁によって生ずるものでありませぬ。また光明は大慈大悲とも、念仏とも名づけらるるもので、小乗教と全然異なる常住の法であります。強いて因縁を求むれば無明の滅することでありましょう。いま無明の滅

するによって熾然たる無上学道の巨火の輝きを見るわけであります。」

「文殊よ、かかる第一義的の説明を止めて、通俗的に説明したがよい。」

「世尊よ、ここより東方、一万二千由旬のかなたに不動と云う世界があります。その国は七宝に飾られ和楽の気は充ち満ちて人民は平和安穏なる日を送っている。その国の満月光明仏は瑠璃光聖者に『大涅槃経』を説いていられたが、瑠璃光がこの会座におけると同じ疑問を起したので、娑婆世界に行けばその疑問の解答を聞くことが出来ると教えられた。そこで瑠璃光が八万四千の聖者とここに来会せんとしてかかる瑞相を現わしたのでありましょう。」

やがて瑠璃光は八万四千の聖者と共にあまたの供養を捧げて、娑羅林に来会した。そして釈尊に許されてその疑の解答を求めた。時に釈尊は答えらるるよう、

「汝は予を父母の如く親しむによって予もまた汝を我の子の如く想う。汝の求法の熱心に対してこれからその質問に答えよう。諦らかに聴くがよい。もし法を聞く時はこれを尊重してその欠点を索めず、また名聞利養にこれを利用することがあってはならぬ。常に万霊の福祉のために社会の向上進化をはかって、利己的安逸を貪ってはならぬ。

また仏法僧の等同を思い、涅槃の属性である常、楽、我、浄を念じて万有に対する執着を捨てて事物の真相を究むることを心掛けねばならぬ。瑠璃光よ、専心に法を聞いてかくの如く思考し研究するのを『聞かざる所を聞く』と云うのである。

瑠璃光よ、更に進んで『聞かざるを聞く』を説明するには聞と、不聞とのあらゆる場合を考えるに、不聞聞、不聞不聞、聞不聞、聞聞の四つで、それは不生生、不生不生、生不生、生生と同様である。通俗的に云えば出胎の如きが不生生、大涅槃は生なければ不生不生、死の如きは生不生、一切の凡夫は生生絶えず煩悩が念々に生ずる故に、これを生生という。

証悟《さと》るべき不生生、生生等の真理については一往かく説明するも実は何れも説くことの出来ぬものである。これを不生生不可説、生生亦不可説、生不生亦不可説、不生不生亦不可説、不生亦不可説、生亦不可説と云う。しかし場合によって説明することもある。常住（不生）の本体より現象（生）を生ずることは説くことが出来ない。これを不生生不可説と云う。万有（生）は生滅しつつしかも実在である。これを生生不可説と云う。現象（生）は自ら生ぜずしかも生死あって本来空なればこれを生不生不可説と云う。不生は涅槃にして、涅槃は修道によって得らるるが故に生と云うも滅に侵されることなき所謂本体現象絶対論である。これを不生不生不可説と云う。生なきものとすれば存在の根拠を失うこれを生不可説と云う。不生には必然的ではないが得ることとあれば不生不可説と云う。真理はかく説くべからざるも十二因縁の始めの十支は生の因となるが故に口に説くことが出る。

瑠璃光およびその従者たる八万四千の聖者は『聞かざる所を聞く』の疑問を解き、更に口に説き得ぬ四種の真理を知ってもろもろの疑網を断つことが出来た。」

次に聖者無畏は六万四千のもろもろの聖者と共に座より立ち容姿を正して、仏にもうすよう、

「この世界のものは如何なる修行をして彼の聖者瑠璃光のいらるる不動世界にゆかれますか。またその国の聖者は何故に智徳勝れてかくも理解が速やかでありますか。」

「生類の命を害わず、仏の制規を厳守してそのみ教えを受くるものは不動国に生ずる。

四方に寺院を造立し、他の婦女を犯さず、自妻に対しても礼儀正しきものは不動国に生ずる。

自他の向上進化をはかって怖るるところなく、口に偽らざるものは不動国に生ずる。

その他和合を破らず、悪口を避け、嫉妬を起さず、邪見を起さざるなど総て消極的徳行をなすものは不動国に生ずる。

更に進んで、仏教の信念を涵養して種々の公共事業を起し、高遠な宗教生活に入るものは不動国に生ずる」と。

涅槃と煩悩

更に聖者高貴徳王のために詳述せらるるよう、

「高貴徳王よ、予は汝のために更に平易に説明しよう。凡夫は貪欲、瞋恚、愚痴のために身も口も意をも汚れて四種の重罪、五種の逆罪を犯して大涅槃に至ることを得ぬ。これを未至不至と云う。これに反してそれ等の悪業を作らざるものは大涅槃の境に至る。これを不至至と云う。次に至不至とは至は二十五の迷の世界、無量の煩悩に覆われて、輪回止まざるを云う。不至とは小乗の人も大乗の人もすでに煩悩を離るるを云う。たとい生類教化の化現も相の上より至至とする。一切の凡夫および未だ証位に至らぬ学道者も煩悩に拘束せらるるを至至と云う。

高貴徳王よ、不聞聞を平易に説明すれば、大涅槃の本質は生滅なく言語にて現わさるべきものでないからこれを不聞と云う。しかしその属性たる常、楽、我、浄は聞くことが出来る。これを不聞聞と名づける。」

「世尊よ、世尊は大涅槃は聞くことを得ないと云いながら、属性の常、楽、我、浄を聞き得るとは何故ですか。私は疑いなきを得ないのです。何故ならば世尊は煩悩の断と未断とによって涅槃の得不得があると云われましたが、そうすれば涅槃は本来無なるものが煩悩の壊滅によって生ずる即ち本無今有と云わねばならぬ。本無今有の体を常、楽、我、浄とは如何なる理由ですか。また世尊は存在を無常とせられましたが、『阿含経』の中には『声聞、縁覚、諸仏に皆涅槃有り』と説かれました。さすれば涅槃は無常と思いますが如何ですか。また世尊は涅槃の四の属性を数えられましたが、言説によって表現さるるものはことごとく無常でなくてはなりませぬ。表わすべき名辞がなければ説明は出来ないはずであります。」

「高貴徳王よ、涅槃は本来常住にして本有今無のものでない。修道によって始めて出生するが如きも、実は煩悩に覆われたものが戒、定、慧の勤修によって顕現せらるるので、涅槃そのものは常住の実在である。煩悩に妨げらるることは闇室の中に種々の宝を置くも闇のために見られないと同様で、また修道の力にて顕現さるるは地下の霊泉が智者によって穿掘さるるが如くである。故に涅槃の顕現は作出でなく、露出である。これを作因によらずして了因によると云う。了因とは三十七種の修養法および六波羅密である。迷妄に覆わるる常住の涅槃を露出する了因の上下精粗によって涅槃に大小がある。布施は小涅槃の因、布施波羅密は即ち大涅槃の因である。布施と布施波羅密との相違は布施をなす精神の有相無相に由って分かるる。商品の売買法の如くするは小涅槃の因となり、大涅槃を修行する者は施す者、施しを受くる者、施物、効果などは勿論施しそのものをも認めない。他の波羅密については雑華経（華厳経？）の中に説く通りである。

要するにかつて聞かざる仏教の本義、全的否定の上に現わるる真実の実在即ち仏性の常住と一闡提にもなお仏性ありと云うその普遍なることをこの経典において聞くことを得るを『不聞にして聞く』と云うのである。」

闡提の成仏

高貴徳王は仏性の普遍性について疑を質すよう、

「世尊、もし重罪を犯し、正法《みおしえ》を謗り、逆罪をなす一闡提にもなお仏性ありと云えば、世界に地獄に堕ちる理由《わけ》はないのに現にこれあるは何故でしょう。仏性あるものを常、楽、我、浄なしとは論理が立ちませぬ。世尊は断善根を一闡提と名づけられたが、善根を断つ時に所有の仏性は断ぜられないのですか。仏性が断ぜらるるとすれば常楽我浄の四徳は説かれぬ。もし断ぜないとすれば一闡提とは名づけられぬではありませぬか。」

「汝の問は自らの向上のため他の増福のために最もよい質問である。一闡提は絶対的のものでない。もし絶対のものとすれば永遠に仏果は得られぬ。汝は善根の断絶と仏性の断絶とを同視しようとするが、善根と仏性とは浅深の別がある。善根には世間（外）と出世間（内）の別がある。従って有煩悩（有漏）と無煩悩（無漏）との別、常無常の別があるも、仏性は内外、漏無漏、常無常を超越した絶対的のものであるから仏性の断絶さるることはない。

仏性は常住不易なれば如何なる命辞にて表わすも決定的に云うことは出来ぬ。即ち仏は王家に生れてしかも王位を捨て、一切の差別的存在を否定して純浄無垢の真理を証《さと》り、種々の霊徳を具え生類教化のためには濁悪の中に身を沈むることもある。故に人とも天とも鬼神とも非三悪道とも真理に背くとも背かぬとも一概に云うことは出来ぬ。また物質とも精神とも常とも無常とも差別とも平等とも断言せられない。また有煩悩（有漏）とも無煩悩（無漏）とも云えぬ。仏は感覚、意識、観念の一切の迷妄を断ずるが故に、また一切の邪見、悪心（見漏）、悪の行為（根漏）、悪の果報（悪漏）、生活慾（親近漏）、感覚的欲望（受）、邪念相続（念漏）の七漏なきが故に有漏体ではない。

念漏については一の譬えを説こう。身心の苦悩は種々の悪念を生じ、身心を病めて惑を作り、惑、業、苦互いに循環してもろもろの苦悩を受けしむる。

ある国王が四匹の毒蛇を一の箱の中に入れて臣下に飼育を命じ、その中の一匹でも怒らせれば法に照らして死刑に処すると言い渡した。時にその人は後難を恐れて逃亡した。王は五人の旃陀羅をしてこれを逐わしめたが、一層逃げ足の疾いところから、刀を蔵して親善を装うて近づかんとしたが一顧も与えず或る都市に入った。然るにその都市は住む人もなく隠るべき一物もない。時に空中に声がして『愚か者よ、汝は到底免るることは出来まい。この町には倚るべき人、隠るべき物はない、しかも今夜は六人の盗賊が襲い来るであろう』と。彼は胆をつぶして直ちに逃走したが、行手に大河があって橋も船もない。そこで怖しさの余り草木の筏を作った。

『このまいては毒蛇、五人の旃陀羅、偽善者、六賊など襲い来るであろう。その上この筏はこの大河を渡るには余りに脆い。しかし徒に彼等の襲来を待つより力の及ぶ限り筏の続く限り渡って見よう』と、勇を鼓して流れを押し截った。然るに安ずるほどにもなく彼岸に達して、安穏に平和に一切の苦痛、恐怖を除くことが出来た。

いま聖者の『大涅槃経』を聞いてこれを学行して身心内外のあらゆる迫害妨難を撃退しつつ遂に安楽常住の涅槃の彼岸に達することは、よく右の譬えに合っている。この身は箱の如く、身を構成する地、水、火、風の四毒蛇は常に心の隙を窺い長養する人を苦しめ、肉慾をほしいままにして身を亡ぼさせる。聖者は毒蛇の恐るべきが如く四大の害を思念してこれを制する八聖道を修する。五旃陀羅とは客観と主観の五陰《おん》（蘊）に当る。旃陀羅は人の親和を破り、慈心なく怨親を問わずこれを害《そこな》い、広く世人を苦しめるように、五陰もまた悪に耽り善に背き、善悪倶に傷つけ、煩悩を以て生類を悩ましている。更に恐るべきは五陰は人を亡して地獄に堕《おと》すことである。また旃陀羅は単に欲界の愚かなる罪人を害するも、五陰は三界の有罪と無罪とを問わず一切ことごとく蠹毒《とどく》傷害する。故に『終身旃陀羅に近づくべくも暫時も五陰に親しむことは出来ぬ』と発心せねばならぬ。また施陀羅は己を害することなく、また財力を以って脱れらるることも出来るが五陰は自他共に害《そこな》い、いかに財力を以って哀願するも脱れ難い。また時と処より云うも五陰は瞬時もその鋭鋒を曲げることなく、一切の処において暴威を逞しゅうしてする。よって聖者は常にこれが迫害を脱れんがために万全の方法を講ずる。万全の方法とは即ち八聖道を学修するのである。それはあたかも前喩の四毒蛇、五旃陀羅を畏れて逃亡するに逡巡することなきが如くである。

親善を装うは貪愛に当る。貪愛の心状を観察するに仇が詐《いつわ》って親善を装うが如く、その内実を知るものは禍せらるることなきも、知らざるものは必ず傷つけられて生死に流転し、苦しみを重ねる。貪愛は仇敵の親善を装うにいやまして、恐るべきものである。怨の詐親は遠ければ知り難いが近づけば覚り易い。然るに愛慾は近くても識り難いから遠いものはなおさらである。世の人々はこの愛慾のために大涅槃に遠ざかって生死に近づき、常、楽、我、浄を離れて無常、苦、無我、不浄に親しんでいる。真理の体現を念願する者はこの愛慾の怖るべきを観じて、八聖道を驀進することは、詐《いつわ》り親しむ者を顧みず血路に直進するが如くせねばならぬ。

村落に人なく隠るるに岩石さえなきは六種感覚の否定すべきに譬えらるる。この六感を実在と思惟する処に煩悩は萌され、種々の迷妄は惹起せらるる。故に聖者は六感の恐るべきを観じて八聖道にいそしむに、彼の六大賊を怖れて正路に着くが如くせねばならぬ。

六大賊とは六感の六種の対象（六境）に喩える。この六境は一切の迷妄を起す縁となってあらゆる善法を劫むるものである。聖者は常に八聖道を修めて六境のために摧破せられず進んで真実の安穏所を求むる。そはあたかも六大賊を畏れ、人なき村落を捨てて追跡迫害を免るるに似ている。

路に一の大河に値うとは煩悩のことである。大河の大象を漂わせ、深うして底いなく、中にあまたの悪魚を生かし、灌漑広くして草木を繁らせ、溺るるものの免れ難いように、煩悩は縁覚の如きをも漂わせ、聖者もなおその涯底を極め難く、常に生類を害《そこな》い、迷妄を展開し各種の迷境を長じ、順次に輪転して停止する処がない。世間の大河は手足を動かして彼岸に泳ぎ着くべきも、煩悩の大河は唯聖者の六波羅密を修めて渡る外はない。しかし大河の容易に泳ぎ渡られぬように煩悩は体験を事とする十地の聖者もなお断じ難く、唯仏陀のみ除くことが出来る。

一意、蛇および悪賊の襲撃を逃れんがためには大河を渡るに草の筏でも作るように、聖者も蛇の如き肉体、残忍な心意、賊の如き環境に後を脅され、煩悩の河を前にしては戒定慧、六波羅密、三十七の修養項目を船筏として力の続く限り努めねばならぬ。その勇気と精進とがあれば、必ず常楽の涅槃境である彼岸に達することが出来る。

かく聖者さえ寸時の怠慢（念漏）がない。まして仏陀にそれのあろうはずがない。仏陀にはかくの如く三種七種の欠陥（三漏、七漏）がないから有漏と名づけられぬ。然し無漏とも決定せられない。何となれば仏陀は常に迷妄の中にあって活動して居らるるから。」

涅槃と大涅槃

「上来の説明によって仏陀にさえ一定の相がないこと、従って四種の重罪犯も謗法も一闡提も絶対的のものでないことを理解したことと思う。」

「説明によりまして万有に一定相のないことは了解いたしましたが、大涅槃を修する結果として涅槃と大涅槃の別を立てられました、その涅槃と大涅槃を説明して下さい。」

「涅槃と大涅槃と並び挙げたのは世人が海、大海、河、大河、山、大山と云うと同様で相対的の言葉である。涅槃とは飢えたる人が少量の食物を得て喜び楽しむが如き、病の癒えて得る安楽、貧人の宝を得る喜びなども少しく苦を滅するが故に一種の涅槃である。しかし大涅槃ではない。また世間的或いは出世間的修養によって感覚の慾を除いて安楽を得、更に意識および観念の迷を捨てて得る安楽も涅槃とは名づけるが大涅槃とは名づけられない。小乗教徒の理想とする涅槃は幾分か煩悩の余習を止めて、常楽我浄の四徳を具えざるが故に大涅槃とは名づけられぬ。一切の差別相を否定し尽したる上に常楽我浄の顕現するのを大涅槃と云う。

大涅槃の大とは不可思議即ち絶対を表わし、唯仏陀と聖者のみ見る処で、他の窺い知るところでない。その絶対境も限りなき学行精進の因縁によって得らるるが故に名づけて大とする。また大我、大楽、大浄あるが故に大涅槃と云う。大我とは無我の上に現わるる無拘束の活動である。大楽とは四種の真楽で、（一）相対的悦楽を捨つる時現わるる楽と、（二）一切迷妄の喧騒と無為の静寂とを離れた楽、（三）万有の真実相洞見の楽、（四）金剛の如き不壊常住の身を得る楽の四を指す。大浄とは純浄無垢なるを云う。純浄に四種ある。一に二十五の迷界を遠離する即ち社会の浄化、二に行為の浄化、三に肉体、四に精神の浄化、この四を完うするのを大浄と云う。大我、大楽、大浄なる涅槃を大涅槃と名づける。

十徳の中の第一徳はかくの如きものである。」

五種の神通

「善男子よ、聖者が大涅槃の深義を学修すれば昔得ざる所、見ざる所、聞かざる所、至らざる所、知らざる所を得、見、聞き、至り、知ることが出来る。

昔得ざる所を得るとは一切の迷妄をことごとく断じて解脱を得る所謂漏尽通を得ることである。迷妄を離るればあらゆる拘束を脱して身心共に自由を得る。凡夫は身の不健全の時には心も不愉快なる如く心は身に支配され、また楽観的の人は体も肥満するように身は心に左右さるるものである。然るに聖者は身心共に自由にして、互いに拘束することはない。

また聖者の身相は微細にして処として至らざる処はない。即ち如意通を得る。これを昔至らざる所に至ると云う。小乗の学徒も神通を以て微細身となすことを得るが、遍く一切の仏の世界に至ることは出来ぬ。二乗は身の動く時は心も動くが聖者は心は不動にして身は遍く一切の処にゆく、しかもその身を三千世界の大ともなし、またその大身を一微塵の中に入れることが出来る。また聖者は一の音声を以て三千世界の生類にことごとく開かしむるも、心に作為を要しない。作為を用うる心はなお生滅変化の心で、仏陀たることは出来ぬ。聖者はこの差別心を止めざるが故に自由を得て、無碍の霊能はよく一身を現わして生類各々がその見を異にする。

次に聞かざる所を聞くとは聴覚の自由を云う。先に一切の音声を修得し使用し得る聖者は他のあらゆる音声を聞いてしかもそれに対して有、常、楽、我、浄、主依、作、因、決定、果等の相を認むることはない。故に聖者の天耳通は一時に三千世界の音声のみを聞き得る小乗教徒のそれとは当然簡《えら》ばれねばならぬ。」

「世尊はいま音声に定相、果相はないと言われましたが、さきに『大涅槃経の一句一字を聞けば必ず無上の学道を成就する』とて明らかに定相、果相あることを明言されたのと、矛盾するではありませぬか。また悪声を聞くが故に悪心を起しそして三悪道に堕つるとは定と果を云うのではありませぬか。」

「高貴徳王よ、音声に果相、必然相を認むるものは魔王、生死の見にして涅槃に遠ざかるもので、正しい見解ではない。涅槃を音声の果と見るところに誤りがある。涅槃が差別変化の音声の果報であれば涅槃を常住不易の法と云うことは出来ぬ。因より生ずるものは総て無常と云わねばならぬが、因によって生ずる果体でない涅槃にして始めて、常住不易の法と云うことが出来る。

汝は大涅槃の一字一句を聞けば無上の仏果を得ると云う意義を誤解しているようである。一字一句を聞くと云って、声または聞が招いた仏果ではなく、一字一句を聞いて常住無相の真理を証《さと》るによって無上の仏果を得るのである。また悪声を聞いて三悪道にゆくと云うも、汝が考える如きものでない。悪声を聞くものがことごとく三悪道に生ずるのでなく、唯悪心を生ずる者のみ堕ちゆくのである。かくひとしく声を聞くものも無相心を起すものと、然らざるもの、悪心を起すものと然らざるものとあって一定するものでない。故に声には定相がない。声に定相なければこそ昔聞かざる所をもろもろの聖者に聞かせることが出来る。

次に『昔見ざる所を見る』とは天耳通である。大涅槃の教説によって万有の実相に徹し、各世界相を洞見する力を得て、そこに自由な視覚が体得せらるる。この神通は二乗の三千大千世界の相状を見得るが如きものでなく一切の法界を達観して、しかも執わるる処がない。これを『昔見ざる所を今見ることを得る』と名づける。

次に『昔知らざる所を今知ることを得る』とは他心と宿命との二の神通を得るのである。大涅槃の教を学修するによって万有の差別相を否定し尽す処に真実の精神現象の現わるることを知る。この智用が一切の精神現象に精通し、やがて一切の生類がことごとく仏性を具え、一闡提もなおその本心を捨つる時ことごとく無上の仏道を完うし得ることを知る。これは二乗の知らざる所で聖者の始めて知り得ることである。

次に『大涅槃経』を学修するものは過去の各生類の生活とその環境を如実に知ることを得る。これ即ち宿命通である。二乗の徒も過去を念ずることあるもその当相に執われて実相を洞見することが出来ぬ。涅槃の学修は無相空寂の理を証《さと》るが故にその当相に迷わず真相に徹することが出来る。

大涅槃を学修するものは第二にかかる六神通を修得することが出来る。」

大慈悲と精進等の十徳

「善男子よ、大涅槃を学修する者の第三に成就するものは大慈悲である。即ち世間の相対的の慈悲を捨てて出世間の絶対的大慈悲を得ることである。世間の慈悲は修養によって得らるるも、第一義絶対の慈悲は縁に由って新しく得るのでなく、唯本然の相を現わすに過ぎぬ。この本来常住なる慈悲は真理の命ずるままに現わるる活動であるから、自他、持戒破戒等の差別を認むることはない。

次に、第四の徳能は十種に分けらるる。一には無限向上の学道の根本たる精進に寸毫の動揺なきこと。精進は一切善の根本にしてしかもその善を拡大するものである。故に光の中にて日光を第一とし、諸王の中に転輪王を第一とするが如く、精進は実に仏道修行の第一の明炬、諸行中の王たるものである。この成仏の根底、仏教の生命とする精進は『大涅槃経』を学修してその深義を体認する時始めて体得せらるる。

二には自己の将来体得すべきものは、真実智なりと信じて秋毫も疑わないことである。従ってその心は偏狭を避け、差別を離れ、保守固陋を捨て、飽満、自己満足、刹那の享楽を厭うて常に生類のために慈悲心を求むる。

三には大涅槃を学修するものは一切の生類をことごとく福田と観て、下は外教徒の徳行高きものより上は諸仏に至るものを福田とするが如き偏狭な心を得《ママ》たぬ。総ての偏狭極端を離れて中道を観ずるものは生類を持戒の成否によって区分することはない。持戒、破戒、施す者、施さるる者およびそれ等の結果に執わることのないものを持戒正見と名づけ、真に福田と非福田を甄別《けんべつ》することが出来る。

四には社会を浄化し得る。大涅槃の学修者は人類を救済するためにその向上進化を念願して、自他共に永遠の生命を与えんことを冀う。この誓願の力により未来に成仏する時、国中のあらゆる生類を清浄に寿長からしむることを得る。また無限向上心は生類救済のために偸盗、邪婬、妄語等の九悪を離れて、一切の生類と共に仏行を完うし共に正覚成就せんことを誓う。この誓願の力はよく成仏の時、一切生類の不満を去って欲する処を意の如くならしめ（不偸盗の徳）、貪《むさぼり》、瞋《いかり》、痴《おろか》の三毒を離れて饑渇の苦を免れしめ（不邪婬の徳）、その言語思想を純正上妙ならしめ（不妄語の徳）、また、和合して正法を講学せしめ（不両口）、階級制度を撤廃しその心を平等ならしめ（不悪口）、あらゆる苦悩を除き（不綺語）、貪嫉、害心、邪見を捨てて極愛一子の大慈悲と真理体認の真実智とを得せしめる（無貪、無瞋、正見）。かくして社会の浄化は完成せらるる。

五には貪欲、瞋恚等の結果として招く地獄においてその罪を償うも、なお残存する余習は畜生身を受けしむ、これを余報と云う。この余報および果報を招く第一原因たる業と、業なく煩悩なくして招く果報とは大涅槃を学修して始めて除却することが出来る。

六には相好の円満を期する。相好の円満とは三十二相と八十種好とを具えて身体各部の完全な発育を遂げしむことである。王侯貴人を屈請する時には堂舎を清潔にし美麗に装飾して百味の嘉肴を準備するように、一切生類の信伏崇敬する仏陀たらんものは身体の健全と容姿の温雅をはからねばならぬ。

八には万有の因縁によって生起することを知って、その生滅差別の相に執わるることはない。

九には聖者学道の仇敵たる煩悩を遠離する。仏道完成には堕落流転に導く四悪魔（生死魔）と涅槃向上を沮止する四悪魔（涅槃魔）とがある。涅槃を学修すればこの八魔を離るることが出来る。

十には流転迷妄の二十五の世界を脱れて一切の貪愛煩悩を離るる。

この十徳が涅槃学修者の第四の徳能である。

第五の徳能としては五事を満足する。五事とは一に身体各機関の完備、二に仏陀慈光の直射を受け、三に諸天の護念を受け、四に常に天魔、沙門、上流の人々に尊敬せられ、五に過去の事象に通暁することである。予はかつて布施をなす者もかかる五事を具成するように云ったが、彼と此とは浅深勝劣の別がある。布施は饑渇を離れ、『大涅槃経』は一切の不満愛欲を離れ、布施の受授は生死を相続せしめ大涅槃は生死を断ずる。布施は人間的関係を生じ、大涅槃は聖者たらしむる。布施は物質的満足を、大涅槃は精神的資糧を供給する。布施行は限界と結果を認め大涅槃は無限に向上の一路を辿って限界と結果とを認めない。

次に第六の徳能は全剛三昧である。この三昧に安住すれば一の生類に対して布施をなすも、限られた生類と見ず、常に全生類の上に心を運ぶ。戒波羅密ないし智慧波羅密においてもそうである。この三昧は確固不抜の信念の結晶なれば何ものにも侵さるることのない、三昧中の王者として総てを統一している。またこの三昧に住することは十字路にあって人の往来挙止を見のがさぬように、万有の生滅変化を徹見し、また高山に登れば一望際涯なきが如く金剛定も万有を大観して一も欠くるところがない。金剛石のよく岩石を摧破するも自らこれをなすの念がないように、金剛三昧もまた煩悩を破してしかも作為の念はない。また大地、水、火、風、空などが無意識の下に保持、燃焼、湿潤、流動、収容の作用をなす如く、金剛三昧もまた一切の煩悩を滅してしかも『我よく滅せり』と云う念はない。故に進んで対他的の活動として千変万化の作用《はたらき》をなし、広く生類の迷妄を除くも、皆任運自然の活動にして、作為心に基くものでない。

この心境を金剛と名づけるのは、この三昧には一定相なく、無価の勝徳を具え、よく煩悩の諸苦を除くことが、金剛石の日中一定の色彩なく、無価の宝玉にして貧人はこれを得て貧困の苦を離るるに似ているからである。」

涅槃への道

「大涅槃経を学修する者の得る第七の徳能は大涅槃の近因である四法を云う。四法とは即ち一に善友に親近し、二に専心に法を聴き、三にみ教えを思惟考察し、四にみ教えのままに学行することである。この四法はたとえば人が病に罹れば良医を訪ねて診察を請い、その教えに従って薬を調合し、法の如く服用するが如きものである。病人はもろもろの聖者に、良医は善友に、良医の診断処方は大乗教に、診断処方を信ずるは大乗の教義を研鑽するに、教えに随って調剤服薬するは三十七種の徳目を修するに、病気の平癒は煩悩を滅するに、身の安楽は涅槃の常、楽、我、浄を得るに譬えらるる。

真実の善友とは聖者と仏陀とである。諸仏聖者は寛厳よろしきを得て生類を調御し、また貪、瞋、痴の三病を知ってその適薬たる骨相観、慈悲観、十二因縁観を教え、また生類の生死の大海に漂うを救い、また生類に煩悩の病あるを見てはその血統、客観、貧富の差別を認めず、慈悲哀憐の心より万人に等しく正法を説いて、その病を除かしむるなど生類の指導誘掖を事とするが故に善友と名づける。この善友に親近する因縁によって大涅槃に近づくことが出来る。

次にみ教えを聴けば正善の行を完うして理想境に至ることが出来る。真理を聴けば信念を培養することを得る。信念が確立すれば六波羅密を学行して次第に向上して遂に仏果に達することを得る。故に教えを聴くことは仏道完成の根基となり勢力となる。商人が一子を他国に遣して貿易を営ましめんとしてその発足に先だち通路の嶮悪方向を教えかつ婬女、悪友の誘惑に陥らざらんことを戒むるにその子が父の訓誡を守り指示に順えば途中何等の危険なく、よく巨万の利益を獲得するように、人も仏のみ教えを聞けばその教えによって悪法を捨て善法を完うして大涅槃に近づくことが出来る。

次に思惟研鑽は精神の自由解脱を得て大涅槃に近づかしむるものである。精神の自由解脱とは思惟によってよく五欲の束縛と万有に対する四種の顚倒観と生老病死の四苦を離れ得るからである。如何に永劫の間、教えを聴くもこれを思惟研鑽せなければ真実智を得ることは出来ぬ。この思惟の力によって真理を解し仏、法、僧の常住不易なることを信じ更にこれを尊敬すれば一切の煩悩を断除して大涅槃に近づくことを得る。

真理を背景とする修行とは悪を止め善を修することである。即ち一切万有は生滅変化して決して永劫の存在でない所謂、無常、無楽、無我、無浄の相、真に永劫の実在は仏の説く真理道徳である。故に、づける。

無常にして染《けがれ》あるこの身を捨つるとも仏教の道徳を犯すまいと努むることを『法の如く修行する』と名づける。

元来、修行には真実行と不真実行とがある。涅槃、仏性、仏法僧、真実相等を体認することが真実行である。涅槃相とは涅槃に三種あって始めに仏の涅槃、これは一切の煩悩を断尽し、その行動が真理に相応して、真に、常、楽、我、浄のものである。次に凡夫の涅槃は粗雑な煩悩を脱するが故に解脱にして善性である。しかし究竟真実の常楽我浄はない。次に小乗の涅槃とは煩悩を解脱して善性なるも未だ究竟真実でない。しかし外教の理想境に勝って安楽、清浄のところである。二に仏性を知るとは仏性の七徳即ち常、浄、実、善、当見、真、可証を体認すること、三に如来相を知るとは仏陀の真理体現の相、真理に相応する常楽我浄の相にして絶対自由の境地なることを知るのである。四に真理を知ると云うが真理とは善不善、常不常、我無我など言説にて表示せられないもので相として捉うべきものはない。すでに固定すれば真理ではない。五に僧の相とは真理体現の上に現わるる常楽我浄または求道者の相で、真理を悟るが故に真なるも、未だ究竟せざるが故に実とは云えない。六に実相を知るとは常無常、楽無楽等の万有の当相を知ることである。七に虚空を知るとは第一義的に万有は思想言語を離れた空なりと知り、また物なきを空と云うが如く万有は執すべきものなしと知り、更に涅槃の体は虚空の実性なきが如く、住処がないと知るのである。諸仏の煩悩を断じ尽すところがそのまま涅槃であり、涅槃はこれ常楽我浄である。涅槃に楽を云うもその楽は享楽でなく、煩悩の苦を離るるところに与えらるる自然究竟の楽である。諸仏には真理を知る覚知楽と覚知を完うして涅槃を証《さと》る寂滅楽とがある。」

断惑と涅槃

時に高貴徳王は釈尊に尋ねるよう、

「世尊は煩悩を断ずる処に涅槃があると申されましたが、それでは世尊が成道せられた時、魔王の問に答えて『我が弟子の智徳が未だ進まず、他の教化に堪うるものがないから涅槃しない』と申され、またもろもろの聖者は永劫の昔にすでに煩悩を断ずるに唯諸仏のみに涅槃を云って聖者の上に説かれないのは何故で、もしまた煩悩を断ずる処が涅槃でないとすれば、何故に世尊はかつて生名波羅門に『我が此身が即ち涅槃だ』と告げられましたか。涅槃は煩悩の断滅で、死滅を云うのでないとすれば、何故に毘舎離において『三ヶ月の後に当に涅槃すべし』と云われましたか。世尊は既《すで》に菩提樹下において煩悩を断じたのであるから、その時が入涅槃ではありませぬか。果してそうだとすれば何故に拘尸那竭羅《クシナガラ》城の力士等のために夜明け（後夜）に涅槃すると申されましたか。真実を標榜される仏陀にかかる虚妄の言葉あることは不審に堪えませぬ。」

「高貴徳王よ、仏陀は元より妄語を離るるが故に虚偽のあろうはずがない。予が成道の際、魔王に答えたのは彼が涅槃の実相を知らずに、他の教化に赴かず唯黙然として座するを涅槃と謂って尋ねたから入涅槃しないと云って、彼の誤りを匡したに過ぎぬ。次に聖者に涅槃を云わぬと難じたが、予は仏、法、僧の常住と清浄の点において差別はないと云ったが三者を全然平等のものと説いたことはない。また仏性と涅槃、涅槃の実相などについてもその常住不易なる点に無差別を云うので、全然無差別と云うことではない。毘舎離において『三ヶ月後に入涅槃する』と云ったのは、次の如き事情があったからである。その時に拘焰弥《くえんみ》の悪僧共が予の教えに背いて教団の制規を破り不浄物を蓄うるものがあった。予はそれを再三禁止したが彼等はなお仏の認可を経たものと揚言して多くの人を過らした。予は彼等悪僧を警覚し悪を滅するために親聞の弟子が我が身を見ず、我が法を聞き得ない様に入涅槃を宣言したのである。かく宣言したので浅学の教徒は予が入涅槃したことを信じたであろうが、予は実に入滅したのではない。深学の聖者は常に我を見、我が説法を聞いている。予に直接の教化を受けた弟子でも如来の入滅を説けば、その人は予の弟子でなく、悪魔邪見の徒である。

善男子よ、予が『三ヶ月の後に入涅槃する』と云ったのは次の如き事情があったからである。迦葉の善根を成熟するのも、また香山の須跋陀羅《しゅばつだら》が幽居から出でて予の許に来るのも、五百の力士の無上の学道心を起すのも、純陀等および五百の離車族、耆婆の母、菴羅果女等の無上の学道心を成就するのも皆三ヶ月後であったから、毘舎離において『三ヶ月において入涅槃する』と宣言したのである。

善男子よ、涅槃と大涅槃とは内容において非常の差異がある。仏性を見ずして煩悩を断ずるのは涅槃で、これは唯煩悩を断ずるのみであるから楽と浄との二徳を具えて無我、無常たるを免れない。故に煩悩を断じた大涅槃と名づけることは出来ぬ。もし仏性を見てよく煩悩を断ずればこれを大般涅槃と云う。仏性を見るが故に常、楽、我、浄共に具えているから。

そもそも涅とは不の義、槃とは滅の義で、不滅を涅槃と云うのである。また槃は覆で、不覆即ち迷妄の雲に覆われざるものが涅槃である。次に槃は去来で、不去而来る常住が涅槃である。なお槃には取、不定、新故、障礙の義があるから、これ等の拘束を脱するものが涅槃である。勝論派の祖、優楼迦や数論派の祖、迦毘羅の門下は槃を相と解して無相を涅槃と名づけ、また槃を有、和合、苦と解して無存在無和合、無苦を涅槃としている。煩悩を断ち切ることは涅槃でなく煩悩を生ぜないのが涅槃であるから、煩悩を起さない諸仏は即ち涅槃と名づけらるる。かくして現さるる智慧は十方に透徹して礙る何ものもない。これが如来である。如来は凡夫、声聞、縁覚、聖者と異なる、これを仏性と云う。如来の身心智慧は限りなき世界に遍満して障害するものがないこれを虚空と云い、如来の常住不易なるを実相と云う。かくの如き理由によって如来は永遠に入滅することはない。」

解脱と仏性

『大涅槃経』を学修する者の得る第八の徳能とは九の事柄がある。九事とは一に五事を除く。これは煩悩諸悪の根本をなす客観世界と主観作用の五彙類を（五陰）断ずるのである。生類は主観客観の離合錯綜関係によって、流転の相続に苦しめらるるが、何れも主体と云うものはない。

二に五事を離れる。これは生死流転の因をなす自我、断常、因果無視、不正を正とする、妄見固執の五種の妄見を離るるのである。

三に六事を成就するとは仏、法、僧、天、布施、戒の六を念じて修養の向上と完成を期するのである。

四に五事を修めるとは五禅定即ち感覚、意識ある知定、意識を滅せる寂定、喜楽ある楽定、苦楽を捨てたる無楽定、体験の最上位において得る首楞厳定を修むるのである。

五に一事を守るとは無限向上心を拡充し成就することである。無限に向上の一路を辿る時、真実智は得られ常楽我浄は円現する。これ即ち無上究竟の大涅槃である。

六に四事に親近するとは慈、悲、喜、捨の四無量心を体現するのである。

七に一実に信順するとは『一切の生類はことごとく唯一大乗に帰入する』と確信するのである。

八に聖者は貪、瞋、痴の心を永く滅する、これを心善く解脱すると云う。

九に大涅槃を学修するものは何ものにも妨げられない万有の真相を洞観する真智を得る。これを慧解脱と云う。この智慧の自由の活動によって始めて昔聞かざる所、見ざる所を今聞くことを得、見ることを得て未だ至らざりし所に至ることが出来るのである。」

「世尊は貪瞋痴を断じて心の自由解脱を得ると云われますが、私には首肯出来ないことであります。心は本来、清浄のものでかかる貪瞋痴の如きものに束縛せられるべきものではない。元々、束縛のないものが繋縛を脱し自由を得るとは理由のないことではありませぬか。明と闇とが両立しないように、貪等の闇を除く光明が心の上に貪、瞋、痴と同時にあることはない。また現実生活の上から見るに、吾々は女人を見た時に愛欲を生ずる。これ貪欲が吾々の心に存在する証拠である。故に貪欲は実在にして、これあるによって地獄にも畜生にも堕落すると云わねばならぬ。また木を摩擦して火を発するに火性は何れにも存せざるが如く、吾々の貪欲なども対象の何れを探ねても存在する処はない。然るに人のみが貪を生じて諸仏聖者の起されないのは何故ですか。また貪等は必然の存在でもないようであります。必然的でないものを、何故に世尊は『聖者は大涅槃を学修して心の解脱を得る』と申されたのですか。」

「高貴徳王よ、汝の疑問は世間一般の思想から云えば当然なことであるが、元来、物には自性本体と云うものがないから、解脱するとも、せないとも、有るとも、ないとも決定的に考えるのが根本の誤りである。世の多くの人は無明に盲ぜらるるがために『物質に執着せしむる要素があり心に貪欲性がある』と云い、また『心に貪欲性と解脱性との二があって縁によって貪欲生じまた解脱する』とも云い、また『因中にことごとく結果がある訳でなく、強弱によって異なる』とも云うが、これ等は因縁を知らざるが故に起す偏見である。この偏見あるがために犬の柱に繋がれて終日柱を繞って離るることのないように、無明に枷せられ生死の柱に繋がれて永劫出離することは出来ない。汝の不審もまた唯結果のみを観てその因縁を観ないためである。

高貴徳王よ、聖者は因中に果ありとも、またないとも、また不定とも決定的に考えてはならぬ。諸仏聖者は常に極端に走らず中正の真理を説かるる。縁あって生ずれば有と云い、自性なければ無とする、故に仏は説いて『万有は有にあらず無にあらず』と云ってある。今心についても心を浄性とも不浄性とも決定することは出来ない。心に浄、不浄なく唯縁によって不浄の貪を生ずる故に『無にあらず』と云い、しかも本来心に貪性なければ『有にあらず』と云う。一切の現象は皆因縁に因るが故に、因に従って心に貪を生じ、因縁に従って心即ち解脱する。不浄と浄、繫縛と解脱これ因縁の生死に相応するか大涅槃に相応するかに依って岐るるのである。かく因縁によるが故に心と貪と両立して生じ、そして滅することもあり、また両立して生じて共に滅しないこともあり、貪と両立せずして生じ貪と両立して滅することもあり、貪と両立せずして生じ、しかも滅することもある。故に決定的に心性本来浄とも本来不浄とも云うことは出来ぬ。

心に貪などを生ずるのはかく因縁によるが故に心と貪と和合することはない。それは日月が雲煙または塵埃のために覆われても、それ等と和合するのでなく、それ等に汚さるるのでないと同様である。故に貪欲等の煩悩が心を汚すことはない。また因縁が生死に相応したために貪を生じたとすれば、因縁が真理に相応するとき貪は自然に除かれ心は解脱を得るので、心そのものに増減変化はない。

高貴徳王よ、国王が自国においては身心安楽なるも、他国に至れば恐怖苦悩を増すように、人も自境界たる四念処――肉体的存在（身）、精神活動の根本（受）、精神活動（心）、一切の客観世界（法）の四を観察してその真相を究める時は安楽を得、他境界たる五欲をほしいままにすれば悪魔に遇うてもろもろの苦悩を受けることである。悪魔とは各自の心内に起す無常を常と、常を無常と見、苦を楽と、楽を苦と見るが如き顛倒の妄見を指すので、この悪魔に隷属する者の心は不浄である。また万有の真実に徹せずその皮相に捕わるる者、我は肉体であり、肉体の中に我あり、精神中に我ありなど我見に執わる者、仏教の経典を捨てて外教を学行し、出家行を捨て在家の業務を事として濫りに予の制規を乱すもの、これ等の人は何れも悪魔の眷属即ち束縛ある人で我が弟子でない。心の束縛とはかかる因縁を云うのであるから、心と貪と共に生じ心と貪と共に滅するに不思議はない。かく心の浄、不浄は因縁の如何によるので、心そのものは浄でもなく不浄でもない、故に真理に背く因縁の除かれた時、その心は解脱を得ると云うのである。

大涅槃のために仏教の経典を研究し講読して予の制戒を守り、三十七科の修養に努しむものは貪と共に生ぜず、貪と共に滅することはない。ここに心は一切の束縛を脱して絶対自由の天地に逍遥することが出来る。

『大涅槃経』を学修するものの第八の徳能はかくして成就せらるる。」

涅槃と信仰

「『大涅槃経』を学修する者の得る第九の徳能としては五事を発《おこ》して完成するのである。五事とは一に信、二に直心、三に戒、四に善友に親近し、五に見聞を広くすることである。

一に信とは仏、法、僧の三宝、布施の果報、世間法と出世間法、仏道の唯一絶対の真道にしてしかも生類誘引のために三分すること、および大涅槃究竟の真理と、それに至る道程とを信ずるので、この信念によって聖人の性を得、布施行を完成して流転の世界を離れ大涅槃に近づくことが出来る。

二に直心とは一切の生類に対して公正なるを云う。生類に欠点あるも、徒に煩悩を増す嫌ある時はこれを説かず、少善根即ち仏性の萌すを見ればこれを引出するために讃歎して無限向上心を発さしむる。また直心とは懺悔の心である。聖者は悪をなすことはないが、もし過ってなすことがあれば即時に師または同学の友に告白して、たとい軽罪なるも自ら責むるに重罪の想をせねばならぬ。この懺悔の直心あるによって仏性のあることが信ぜられ、ここに一闡提の名はなくなる。

三に戒を修むる即ち道徳生活をなすのは生天の為でも、恐怖のためでもない。その標準は小乗にあらで大乗聖者の生活にある。

四に善友に親近するとは仏陀聖者に親しむことである。予は一切生類の真の善友である。予に親近するものは地獄に堕ちゆく因縁ある者も天上に生ずることが出来る。舎利弗、目連等は未だ他を見るの明なきが故になお善友とは名づけられぬ。たとい極重の悪人も予に遇えばその悪を除くことが出来る。予の肉弟難陀の強欲非道も、鴦掘魔の激怒も、阿闍世王の愚昧も皆、予と接することによって心を改めて熱心な求道者となったではないか。

五に多聞とは仏教の一切経典を書写し、読誦し、研究することである。予の十二種の教説の中、毘仏略のみを読誦、講学するも、また大涅槃経のみを読誦、講学するも共に多聞と名づけらるる。

求道者は男女を問わず、大涅槃を体現するためには右の五事を具足し成就せんとして、作し難きを作し、忍び難きを忍び、施し難きを施さねばならぬ。

高貴徳王よ、大涅槃を学修する者のなす第十の徳能は三十七科の徳目によって修養に努め、大涅槃の常、楽、我、浄を体現し一切の生類に大涅槃の深義を説明して仏性を顕示することである。縁覚、聖者を始め智徳なお進まずようやく一分の真理を証ったに過ぎぬ浅学の者に至るまで、この経典を信仰するものは大涅槃に入ることを得る。しかし信仰なきものは永遠に生死に輪廻するの外はない。」

時に高貴徳王は釈尊に尋ねるよう、

「世尊よ、如何なる人がこの経典を信仰しないのですか。」

「予が入滅した後、教徒の中に破戒、闘諍を事とする者が出る。彼等は予の教説を捨てて他の教を奉じ、種々の不浄物を蓄積してそれを予が許容したと揚言する。かかる破戒僧にはこの経典が一大痛棒であるところから、極力その広布普及を妨害するのである。故に予の入滅の後、この経典が次第に世界に普及せられて読誦講学せんとする者が出れば彼等はあらゆる妨害を試み遂に殺害することさえある。そして破戒僧は相会して制規を設けるよう『仏陀の教説は何れも万有の無常、無我、無楽、無浄を説くのに、「唯涅槃経」のみ万有の常、楽、我、浄を主張するのは明らかに涅槃経が仏陀の教説でなく波羅門教六師の説なることを示しているから、今後「大涅槃経」を読誦し講学するものとは交りを絶派《ママ》って居住を共にしてはならぬ』と。彼等はまたこの経に不浄物を蓄えることを厳禁するを波羅門教の貯蓄厳禁の思想より出てたものとし、また『諸仏聖者は牛乳および肉食を禁ぜられたことはないが、波羅門教には五種の塩、五種の牛乳および脂血を食することをゆるさない。故に断肉を力説する涅槃経はむしろ波羅門教系の説で仏陀の正典ではない』と。また彼等は仏陀が三乗区分せられたに対してこの経に唯だ大涅槃の一乗を説き、また十二部経の何れにも仏陀の入滅を説くにこの経のみ仏陀の常、楽、我、浄を説くを論拠としてこの経を悪魔の説として仏説たることを否定するのである。かくの如くこの経典の仏説たることを否認する者は我が教徒と云えども涅槃の深義を信順することは出来ぬ。かかる時代にこの経典の一字半句にても信ずるものは真の我が弟子にして、その信仰によって仏性を見、大涅槃に入る。」

「世尊の詳しい説明によって私も大涅槃の深義を幾分か了解し、そしてお説の通り少しく仏性を見ることが出来たようであります。やがて私は大涅槃をも体現し得ることと信じています。」

第十八　仏性の普遍と常住〈師子吼菩薩品〉

仏性の体

時に会衆の中にいた聖者獅子吼は座を起って服を整え、恭しく釈尊を礼拝し、合掌して質問を許されんことを願った。そこで釈尊は会衆一般に獅子吼を紹介せらるるよう、

「あまたの求道者よ、獅子吼は永劫の修養によって福徳円満に、今や予の前で一大獅子吼をせんとするのであるから、深重な尊敬を払って香華、衣服、房舎、殿堂を供養せよ。獅子が早朝に穴を出でて四方を望み、鬣《たてがみ》を立てて咆哮すれば一切の禽獣は或いは深淵に潜み或いは巌窟に隠れ、或いは墜落し或いは疾走する。野牛が百年の間獅子の後を逐うていても獅子の咆哮をなすことは出来ないが、獅子の子は三ヶ年にしてよく獅子吼することが出来る。六波羅密を満足して正覚智慧を得、十力を具えた聖者が大悲の心より生類のためになす説法は獅子王の咆哮の如く、よく悪魔の邪説誤見を摧破してその跡を絶たし

むる。その説法即ち獅子吼は『仏性は一切の生類にことごとく具わり仏陀は常住不易にして生滅なし』と説くことである。小乗浅学の徒は永劫、如来に随うもこの獅子吼をなすことは出来ぬ。体験の境地にある聖者は唯だ聖行、梵行、天行の三を完うすれば獅子吼をなすことが出来る。今や聖者獅子吼はその体験を述べようとしているのである。」

と、次に獅子吼に向って、

「質問があるならば遠慮なく問うたがよい。」

と、そこで獅子吼は釈尊にもうすよう、

「仏性とはどんなものですか。何故に仏性と名づけ、その属性を常、楽、我、浄と名づくるのですか。世尊は一切の生類に仏性があると云われますが、一切の生類が自己の仏性を見ないのは何故ですか。また理解の聖者は明瞭に見得ないのに仏は何等の法によって明瞭に見得るのですか。如何なる眼によって明瞭に見らるるのでありますか。」

「智慧と福徳とを完全に具うるものは仏性の体とその意義と属性とおよび体現の方法とを知ることが出来る。汝はいまこの福徳と智慧とを具えているから、よくかくの如き深義を問うたのであるが、予もまたこの福徳智慧を具えてその質問に答えよう。

仏性とは第一義空、即ち差別的存在を否定する処に現わるるもので、絶対平等の真智これである。ここに云う空とは空、不空など云う相対的の思想を離れた絶対空で、智とは空と不空、常と無常、苦と楽、我と無我とを知見する。空とは一切の差別現象、不空とは大涅槃、ないし無常とは差別現象、我とは大涅槃を謂うのである。故に一切の空を見て不空を見ないものは中正の道とは名づけられぬ。中正の道とはこれ仏性である。差別変化を離れた中正の道が仏性であるから、仏性は常恒不変の実体である。

生類が仏性を具えながらそれを見ることの出来ないのは無明に覆われているからである。小乗浅学の徒は万有の空を見て不空を知らず、無我を見て、我あるを知らぬ。即ち第一義空を体得していない。第一義空に達してないから中正の道を学行することが出来ぬ。故に彼等は仏性を見ることが出来ない。」

十二因縁と仏性

「第二に仏性の意義、仏性とは一切諸仏の無上の真実智即ち中正道の理を顕現する原因をなすものである。中正道とは即ち第一義空である。第一義空は無常を無常と見、常を常と見るが故に、外道の如く梵天を涅槃と見る（下）にも異なり、凡夫の無常を常とする（上）にも異なる。実に諸仏聖者の不上不下の道なれば第一義空を中道と云う。

また流転の根本には無明と有愛との二がある。その中間に生、老、病、死の四苦がある。これを中道と名づける。中道はよく生死迷妄を破する、故に中道を名づけて仏性とする、従って仏性は常、楽、我、浄である。生類はこの仏性を見ることが出来ないから、常もなく、楽もなく、我もなく、浄もないので、仏性が無常、無楽、無我、無浄なのではない。

また人類の認識には断常の二つがある。不断不常を中道とする。この不断不常は十二因縁を観照する智慧即ち万有の真相に透徹する智慧である。この観照の智慧を仏性と名づける。しかし二乗の人は、たとい十二因縁を観察するも仏性とは云わない。これ彼等はなお無明に覆われて完全なる観察を遂げないために万有の真相に徹しないからである。

獅子吼よ、因果の上から仏性を見るに、仏性は十二因縁の観察に因るが故に因がある。その観察は智慧なれば因の因がある。そして無上の学道となるは果、大涅槃の体現は果の果である。十二因縁は本来不生不滅不常不断、ないし非因非果のもので何れにも偏したものでない。この非因非果の中正道が仏性である。故に予はかつて『十二因縁は高遠深妙にして知ることも見ることも出来ぬ。唯諸仏聖者の境界で小乗教徒の及ぶ所でない』と説いたことがある。高遠深妙とは不常不断の中道を云うので、現象界を見るに念々に滅しながらしかも失う所なく、作者なくしてしかも業は作られ、受者なきに果報は現わる。

一切の生類は現に十二因縁中のものでありながらその真理を見ることがない。十地体験の聖者もなおその終末を見るのみで原始を究めることは出来ぬ。唯仏陀のみ原始と終末とを見て完全に十二因縁を観察してその真理を体得することが出来る。これを『諸仏は明瞭に仏性を見る』と云ったのである。

獅子吼よ、一切の生類は十二因縁に支配されつつ、しかもその観察を完うすることが出来ないために生死に輪廻する。それはあたかも蚕が繭を作って自ら生じ自ら死するが如きものである。この間の消息を剋明するために予は諸経の中に『もし人が十二因縁を見るものは即ち万有の真実相を見る。万有の真実相を見る者は即ち仏を見奉る』と。仏とはこれ仏性である。何となれば一切の諸仏はこれを本性とするから。

獅子吼よ、十二因縁を観察するものが仏性を見ると云ったが、その観察をなす智に凡そ四種ある。その下なるものは声聞道を得、中なるものは縁覚道を得、上なるものは十住地を得、上々のものは無上菩提を得る。即ち下と中は仏性を見ないから小乗地に、上は見るも未だ明瞭でないから十住地に、上々智によって始めて完全に見らるるから、無上の仏道を得るのである。故に十二因縁は仏性なり、第一義空なり、これを中道と名づけ、仏と名づけ、涅槃と名づける。」

修養の必要

時に獅子吼は仏と仏性の区別について釈尊に尋ねた。

「世尊、仏と仏性とに差別がなければ一切の生類には研究修養の必要がないではありませぬか。」

「仏と仏性とは理論上、差別はない。しかし生類においては実際がこれに伴わないのである。現実に仏としての智徳、相好を具えなくとも必ず成仏する素質があれば『一切の生類にはことごとく仏性がある』と云っても誤りではない。元来、『有る』と云うことには未来有と現在有と過去有とがある。一切の生類は未来に無上の仏道を体得するので、これを仏性と名づけるが、現在は煩悩に覆われて智徳尊容を具えない。過去に煩悩を断じて現在に仏性が見らるる。この理に基いて予は常に『一切の生類には皆仏性がある、一闡提にもまた仏性がある』と宣言するのである。一闡提には現在、善法なきも、何時かは必ず無上の仏道を成就し得る心を有《も》っているから、仏性があると云って怪しむには足らぬ。心あるものは皆時至れば必ず仏道を成就し得るが故に、心あるもの即ち生きとし生けるものは皆仏性を有《も》っている。

一切の生類は本来、仏性を具えている。しかし無明に覆わるる間は実際上ないも同様である。この隠れたる仏性を顕現し真にその作用を完全ならしむるには、これを覆う無明を除かねばならぬ。六波羅密などの研究と修養を要する所以はここにある。

また仏性とは首楞厳三昧とも云わるる。この三昧は一切諸仏の母である。諸仏はこの力によって常、楽、我、浄となることが出来る。一切の生類には《ママ》皆この三昧力を有《も》っているが、修行せざるために見ることが出来ず、従って無上の仏道を成就することが出来ない。この三昧はその作用の異なるに従って般若波羅密、金剛三昧、獅子吼三昧、仏性等の異名がある。首楞とは絶対の意、厳とは堅実なること、絶対常住なるを首楞厳と云うので、仏性の異名あるはこれがためである。

獅子吼よ、予が尼連禅河の辺に居た時、ある外教徒が『瞿曇は断滅論者である。一切生類の無我を説くから。もし無我とすれば持戒し、破戒するものは誰か』と非難したことがある。その時私は答えて云った。『予は常に仏性の普遍を説いている。仏性は我ではないか《ママ》、予の無我説は汝の考えるようなものでない。予は汝が考えるような断滅論者ではない』と。外教徒はこの仏性普遍説を聞いて無上の学道心を起し仏道の学行に志したことである。」

「世尊、一切の生類は総て仏性を有《も》っているのに、何故にそれを見ることが出来ないのですか。」

「獅子吼よ、それは盲者が物の色や形を見得ないと同様である。盲者が見ることが出来ないからとて物のない訳ではない。十住理解の聖者の所見と仏陀の所見と異なるのは物を見るに夜と昼と異なるようなものである。また聖者の仏性を見るに明瞭でなく、仏陀となって首楞厳三昧によって明瞭に見らるるのは、視力不十分なる眼病者が薬力によって視力を恢復して明確に見得ると同様である。

また新月が見えぬからとて月はないと云うことの出来ないように、仏性も凡夫が見ないからとてないとは云えない。一闡提でさえ一闡提を破壊すれば仏性は顕現して仏陀の智徳を円具するではないか。故に仏性が生類全般に普遍していることは宇宙の実相で、決して予が主張するによってかくなるものでなく、現実の事実である。

事実として生類ひとしく具有しているが、見不見のあるのは縁の有無による、牛が雪山《ヒマラヤ》にある忍辱草を食えば醍醐を出すも、異草を喰ったのでは出ない。牛が醍醐を出さないからとて雪山に忍辱草がないとは云えない。雪山は如来に、忍辱草は大涅槃に、異草は十二種の教説に当るので、人が大涅槃を聴いて学行すれば仏性を見ることが出来る。また黒鉄を火に入るれば赤く、出せば黒くなるように、仏性もまた煩悩の火が滅すれば見聞することが出来る。また種子が滅して芽を生ずるが、芽性は水土の縁によって出るように、仏性もまた修養研究の縁によって見聞せらるる。」

聖者の見性法

次に獅子吼はその縁について釈尊に尋ねた。

「世尊、聖者が仏性を見ても明瞭でないのは、如何なる修養によるからでありますか。仏陀は如何なる智徳を養うによって仏法を見るに明瞭なのですか。」

「獅子吼よ、聖者は次の十項を完全に成就するによって仏性を見る。しかし明瞭ではない。十項とは一に少欲、二に知足、三に寂静、四に精進、五に正念、六に正定、七に正慧、八に解脱、九に讃歎解脱、十に大涅槃を以て生類を教化することである。」

「世尊、少欲と知足には如何なる区別がありますか。」

「少欲とは求めないこと、知足は得る所少なきを悔いないことである。欲には凡そ三種ある。（一）迷妄のための慾望を悪欲と云い、名誉心から（二）出世間的修養の向上を欲求するを大欲、（三）世間的修養の向上を欲求するを欲々と云う。この三欲および二十五愛におかされないのを少欲と云い、所得に執着せざるを知足と云う。

次に寂静とは身心を悪のために乱さぬことである。これに心寂静と身寂静の二があって、身寂静とは僧俗男女の教徒に交らず、その事業に関係しないこと。心寂静とは貪、瞋、痴の三を離るることである。次に精進とは身、口、意一切の行為を清浄ならしめんとして悪を遠ざけ善を勤修することである。正念とは精進なる時念を仏、法、僧、戒、施、天の六処にかけるを云い、正定とは正念なる時、獲得する三昧を云い、正慧とは正定によって万有の差別相を否定するを云い、解脱とは現象否定の正慧を得て煩悩を遠離するを云い、解脱讃歎とは生類のために解脱を称揚して常恒不変と説くことを云う。かく解脱を讃歎すればそれが生類を教化することになる。右の少欲、知足、寂静等の十法を完うすれば仏性を見る。しかし明瞭なることは出来ぬ。

出家の人の衣、食、住、存在に対する欲望を除く糞掃衣《ふんぞうえ》、乞食、樹下座、身心浄化の四を聖行と云い、これを少欲知足とする。身心浄化の上に得らるる四楽を寂静と云い、四の精進を具するを精進と云い、肉体、感覚、精神、万有の四を観察するを正念、四種の四禅定を具するを正定、四聖の実相を見るを正慧、永く一切の煩悩を断ずるを解脱、一切煩悩の過悪を呵責するを讃歎解脱と云う。かくの如き出家の人のなす十法を完うすれば仏性を見る。しかし明瞭ではない。

次に聖者がこの経を聞いて、これに親しみ世俗の事物を離るるを少欲、出家して悔いざるを知足、清浄平等の天地を求めて差別の喧騒を離るるを寂静、出家の道果《さとり》を学行追求するを精進、大涅槃を念願学行するを正念、天行に相応するを正定、正定に安住して涅槃を正見、正知するを正慧、正見正知の者はよく煩悩の繋縛を遠離することを得るこれを解脱、理解の聖者が生類のために涅槃を称美するを讃歎解脱と云う。かくの如き聖者として少欲、知足等の十法を完うすれば仏性を見ることを得る。しかしなお明瞭ではない。

また出家が樹下或いは露地に座し乞食して弊衣を着て生活するを少欲、この生活を営みて悔いなきを知足、空三昧を修するを寂静、小乗の証果を得て更に無上の仏道に努しむを精進、如来の常住不易を念ずるを正念、八種の解脱を修するを正定、四種の自在智を得るを正慧、七種の煩悩を離るるを解脱、涅槃に十相（生、老、病、死、色、声、香、味、触、無常）なきことを称美するを讃歎解脱と云う。これ等の十法を完うすれば仏性を見る、しかしなお明瞭ではない。

また総ての行動を名誉利益の欲心から割り出さぬようにするのが少欲、煩悩を断ぜざるも仏陀の境地に類同するを知足、この少欲知足を修して大涅槃に近き五種の楽を受くるを寂静、厳粛なる道徳生活を営むを精進、慚愧あるを正念、一切の精神現象を見ざるを正定、万有の本体相状を求めないのを正慧、絶ての現象を否定するが故に煩悩は起らぬこれを解脱、大涅槃経を称美するを讃歎解脱と名づける。これ等の十法を完うすれば仏性を見る。しかし明瞭ではない。

獅子吼よ、聖者と仏とが仏性を見るに前者は不明瞭に、後者は明瞭にと互いに異なるのは、その見る眼に差異があるからである。即ち聖者は平等実相を観ずる慈眼をもって見、仏陀は完全円満にして宜しきに従って作用する仏眼をもって見るから不明と明瞭との別を生ずる。

仏性を見ると云うが、見には眼見と聞見即ち直観すると認識するの別がある。諸仏は仏性を直観し、聖者は仏性を認識する。故に聖者の所見は明瞭でない。十住の聖者は唯自ら必ず無上の仏道を得ることを知って、一切の生類にことごとく仏性あるを知ることが出来ない。」

眼見と聞見

「求道者は男女を問わず、如来を見んと欲する者は、十二部経を読誦し書写し講説し学行せねばならぬ。」

「世尊、一切の生類は仏陀の心相を知ることは出来ないと聞いていますが、如何に観察すれば知ることが出来ますか。」

「一切の生類は実に仏陀の心相を知ることは出来ぬ。しかし或る方法によって見られないこともない。即ち眼見と聞見とである。眼見とは仏陀の身業または尊容が一切生類に超異するを見て仏陀を知ることで、聞見は仏陀の口業即ち音声の微妙最勝にして生類のそれに超異するを聞いて仏陀を知ることである。

獅子吼よ、人の持戒および破戒を知ることは容易なことでない。しかし先ず共に暮らし、次に久しくそれに当り、次に智慧を以てし、次に観察を以てするなどこの四種の方法によれば、必ず持戒破戒を知ることが出来る。その持戒即ち道徳生活には相対的のものと絶対的のものと二つある。相対的の道徳は小乗の声聞、縁覚にもなることは出来ぬ。無上の仏道を得ることはなおさら困難である。また持戒には利養のためにすると真理体得のためにするとの二つがある。前者は仏性および如来を見ず、たといその名を聞くも聞見とは云わない。後者の時に戒はよく仏性および如来を見る。これを眼見と名づけ聞見と名づける。また信念の確固不抜なると浅薄動揺するとがあり、また自己のためにすると衆生のためにすることがある。生類のためにすれば仏性および如来を見ることが出来る。持戒には自発的なると他動的なることがあるが、自発的なるとき仏性および如来を眼見し聞見する。また戒に小乗戒と大乗戒とがある。初発心より次第して遂に無上の仏道を成就するを大乗戒と云い、白骨観より始めて阿羅漢の位に至るを小乗戒と云う。小乗戒を持つものは仏性および如来を見ることは出来ぬが、大乗戒を持つ者は無上の仏道を完うして仏性、如来、涅槃を見ることが出来る。

次に戒を持つ所以は仏性を見て心に悔なからしめんがためである。心に悔なきは楽を受くるに因る。楽は遠離、遠離は安穏と次第に禅定、知見、現象の過悪を見、貪着なく、解脱、涅槃、常楽我浄、不生不滅、仏性を見るに因るのである。しかしかく自ら次第に求めずとも法爾自然に得ることもある。

獅子吼よ、汝は持戒によって不悔の果を得、解脱によって涅槃の果を得る因果関係で常、楽、我、浄の本義に悖ると云うが、確かに戒には因がある。しかしそれは汝の謂うが如き因果関係でなく因果互いに資助する因縁関係をなすものである。戒は聴法に因り聴法は善友に親しむに因り、善友に親しむは信心有るに因り、信心を起すは聴法と意義を思惟するに因る。即ち信心は聴法に、聴法は信心に因るので両者は亦因亦因の因、亦果亦果の果である。故に持戒によって仏性を見、涅槃を得るも仏性および涅槃は無常とは云われない。

　獅子吼よ、汝は予が涅槃に因なしと云ったのを絶対の無とせず、一部の有因を許容するものとするが、涅槃は絶対に因によって生じたものでない。汝の誤りは絶対のものを相対差別の事象と比較して考えたところにある。諸法は総て無我無常であるが、涅槃には常住の我を立てる。両者はかく全然異なるもので、万有は生滅法であるから当然、因がある。しかし涅槃は常住不滅の絶対法なれば生因のあるべき道理がない。故に涅槃は因なき常住の存在なるも修行によって顕現さるるが故に、この点からは果体と云うことが出来る。涅槃に対して仏性は因にして果でないこの仏性は常住にして因の生ずる果でないから因にして果でない。仏性が因と云わるるのは生因としてでなく、了因としてである。因に生因と了因とある中、生因とはよく物を生ずるもの、了因とは灯の物を明了《あきらか》にするように実相を了《あか》すものである。種子は生因にして雨露水土は了因である。また六波羅蜜、無限の向上は生因、仏性無上の仏道は了因、六波羅密仏性は了因、首楞厳三昧無上の仏道は生因、八正道無上菩提は了因、信心六波羅密は生因とする。」

「世尊、仏身は無相で、眼識の及ぶところでありませぬ。それをどうして見ることが出来ましょう。仏性はなおさらのことと思います。」

「獅子吼よ、仏身には常と無常とがある。無常身は生類教化のために現さるる体で、眼見と名づけらる。常住身は仏陀の解脱身で、眼見または聞見と名づける。仏性にも可見と不可見の別がある。可見は十住の聖者、諸仏で、不可見は一切の生類である。」

仏性の実在について

「仏性は主観（内）に在らず、客観（外）にあらず、しかも厳然たる存在にして両者に力を与うるものであるから破壊もなく失亡もない。故に一切の生類はことごとく仏性を有《も》つと云わるる。」

「世尊は以前、『一切の生類には総て仏性があってそれは乳の中に酪のあるようだ。また諸仏の仏性は清らかなる醍醐のようだ』と説いていらるるのに、今は何故に仏性は非内非外と申さるるのですか。」

「予は乳の中に酪があると説いたことはない。酪は乳より生ずるので、この意味で酪ありと云ったかも知れない。元来、因には正因と縁因との二がある。正因とは乳の酪を生ずるが如きを云い、縁因とは酪を生ずる助縁となる醪《もろみ》または煥の如きを云う。乳より酪を生ずるは乳の中に酪性あるがためである。仏性にもまたこの二種の因がある。正因とはこれを有《も》っているもろもろの生類を云い、縁因とは六波羅密等の行を云う。この二因が相合する時、始めて仏性の顕現を見るのであるから厳密な意味では生類に仏性ありと云われない。たとえば筆と紙と墨と和合して字を成す時、紙の中には本来、字がないから筆と墨などの縁をかりて成ずるようなものである。また生類に仏性と云う固体があるように考えるのは、食物によって生存するが故に未だ食せざる食物に命があると云うと同様である。一切万有には元来本体と云うものはない。万有はことごとく因縁によって生じ、因縁によって滅するものである。もしもろもろの生類に『縁によって現わるべき仏性』が縁を持たずしてあると云わば、一切の生類は現に仏身を具えて予の如くあらねばならぬ。生類の仏性は不破、不壊、不牽、不捉、不繫、不縛のもので、汝の考える如き独立の存在でない。故に生類の仏性は諸仏の境界にして小乗浅学の知るところでない。まして未だ仏教を知らない生類が仏性を見ようはずがない。実に仏性を見ないから、現に煩悩に縛られて迷に迷を重ねるので、一たび仏性を見れば如何なる煩悩も繫縛しようとして縛することが出来ぬ。すなわちあらゆる迷妄は払われて大涅槃が得らるる。」

「世尊は乳（生類）の中に定んで酪性（仏性）のない論拠として縁因のあることを挙げられましたが、私は性があるために縁因が必要と思います。即ちその仏性を明らかにせんがために縁因を要するので、縁因は即ち了因なのです。水土が種子に対して了因となるように乳中の酪、煥は了因ではありませぬか。」

「獅子吼よ、乳の中に含んで酪性があると云えばそれは了因なのである。すでに縁性が了因なれば酪、煥等にて了する必要はない。或いは了因には二つあって一は自ら了し一は他を了すると云うかも知れぬが、了因は必ず一法で、自他二あるなどとは以ての外である。故に因があるから生類あり仏性ありとは云われない。しかし乳あり酪あり、生類あり仏性ありと云うのは当に見るべきものであるからである。」

「世尊は有るべきを予想して有ると云われますが、私には誤っているように思われます。現に仏性のないものをどうして有ると云うことが出来ましょう。」

「獅子吼よ、『有る』と云うことには過去にありしことを云うこともあれば未来にあるべきことを云うこともある。橘を植えてその種子なきも次の種子が前の種子に因るを以て有ると云い、また胡麻を植えて未だ油なきもこれより取らるることを予想して油があると云っても共に虚妄とは云われない。また過去に王を罵った罪で罰せられ、陶工が粘土あるを以て瓶《かめ》ありと云うが如きも決して虚妄でないように、生類の仏性についてもその通りである。仏性を見んとするには時間と形貌とを観察せねばならぬ。これを予想して一切の生類にことごとく仏性ありと云えばとてそれは虚妄でない。」

「世尊、生類が無上の仏道を得るのは仏性と云う正因があるためで、無上の仏道を得ることが確実であれば、その正因たる仏性を否定することは出来ませぬ。この点から私は確かに一切の生類に仏性があると思います。」

「獅子吼よ、物がある以上は見られないはずはない。然るに事実あっても見られないのはこれを障《さ》うるものがあるからで、障えて見えないと云うことは因のみでなく縁と待って見らるる証拠である。これ因縁相集って有るので生因のみから有ると断言は出来ない。汝は正因と了因とを云うが本来有るものなれば了因の必要はない、また本来ないとすれば何が了し何を了するのであるか。本性は微細なるが故に見えないと云うが、これも理由にはならぬ。微細で見えなければ粗大なるものは見られよう。一塵は見られないが、多塵が集まれば見ることの出来るように。性の中にはあまたのものを集めて粗大なれば見らるべきに事実見ないのは、微細が不見の理由とならぬ証拠である。故に仏性はないと云わねばならぬ。」

「世尊、乳の中に酪性なく、泥の中に瓶性なく、一切生類に仏性なければ、世尊が上に『一切の生類に仏性あるによって無上の仏道を得る』と云われたことは意味をなさぬことになる。何となれば人天となるものも、無上の仏道を得るのも性あるにあらで、業によってである。仏性があるとすれば善根を断って地獄に堕ちることもなく、発心によって一闡提を破ることもないはずです。菩提心が仏性ならば第一、初発心など云うことは出来ませぬ。また常住の仏性があるとすれば退転するとか退転しないとか云う議論はないはずではありませぬか。仏性が必ずあるとすれば求道者は六波羅密等を修せずして無上の仏道を成就すべきであります。然るに六波羅密に因らずして無上の仏道を得ることは絶対にない、果してそうだとすれば生類に仏性ありと云うことは出来ませぬ。

世尊は前に僧宝の常住を説かれましたが、常住にして変化のないものがどうして無上の仏道が得られましょう。僧宝が常住なれば仏性の普遍はあり得ない。世尊生類には本来菩提心なく無限に向上の一路を辿る学道心は後にあるものとすればその仏性もまた本なくして後にあるのではありませぬか。私はこの意味で一切の生類に仏性のあることを肯定することが出来ませぬ。」

「獅子吼よ、汝はすでに仏性の義は十分領解している。唯生類の蒙を啓くために敢えてかかる質問をしていることは分っている。

仏性は確かにある。全生類は一人の例外もなく皆具えている。汝は仏性常住であれば初発心はないはずだと云うも、心は仏性ではない、何となれば心は無常にして仏性は常住であるから。汝は退心を云うが真実の退心と云うものはない。退転があれば仏道は成ぜられないから。唯遅くなるのを退と云うのである。菩提心は仏性でない。一闡提は地獄に堕ちてゆくから。菩提心を仏性とすれば一闡提の輩を一闡提と云えなくなる。また菩提の心を無常と云えなくなる。

汝は見えないから仏性がないと云うが、見えないのは因縁和合せないためである。因縁和合とは正因の仏性と縁因の求道心とが互いに資助することである。この和合によって無上の仏道は完うせらるる。また僧宝の常住に基いて仏性なしと云うが、信には世間信と出世間信とあって、世間俗は無常である。汝はこの二を混同している。仏性の常住なる如く出世間僧も常住である。

獅子吼よ、汝は『仏性があれば退または不退のある理由が分らぬ』と云うが、これについては種々の事柄がある。次の如き十三事があれば求道心は退転する。一に不信仰、二に不作心、三に疑心、四に身を惜しむ、五に仏の入滅に対して恐怖心を起す、六に辛苦に堪えず、七に不平に満つ、八に愁悩、九に不楽、十に怠慢、十一に軽挙妄動、十二に断惑不可能と見る、十三に向上進趣をねがわない。また次の六事は求道を破壊する、一に教法を惜しむ、二に生類に対して悪心を起す、三に悪友に親しむ、四に精進でない、五に自ら惰る、六に俗務に携わる。また次の如き五事は求道心を退転させる。一に外教徒たらんとする、二に大慈悲を行わぬ、三に教師の非を探す、四に俗的生活を楽《ねが》う、五に仏の十二種の教説を読誦講学するを喜ばない、また次の二事は求道心を退転さする、一に五官の欲望に耽る。二に三宝を尊敬しない。

求道心を退辞させるものはかくの如く種々あるが、求道心を益々強盛にして撓まずに向上を志求すれば退転を見ない。即ち己れのなす善行は多少を論ぜず無上の仏道に回向して、『我は常に諸仏および仏弟子に親昵して正法を聞き、如何なる苦難に遇うも向上心を退転すまい』と誓い、また『たとい手足頭目を割断せらるるもそれが他の向上心を幾分でも助長する縁ともならば歓んで忍ぼう』と誓い、また『常に心の指導者となって心に率いられないように、身口意の悪を慎み、道徳的生活によって不動の心慧を養い、正法のためには身命財産を惜しまず、常に正しい生活をなして小恩にも大いに報いよう』と求願すれば退転することはない。わずかの研究と修養に満足して無限に向上を志求すべきことを忘れてはならぬ。故にたとい如何なる苦患を受けようとも無限向上の菩提心を退転してはならぬ。

獅子吼よ、汝は時に退転者のあるを見て仏性の普遍を否定しようとするが、それは大きな謬りである。たとえば二人の者が『往く道は甚だ嶮岨であるが、そこに往けば七宝は山と積まれ、霊泉は滾々と湧いている』と云うのを聞いて共に出掛けるとして、一人は旅装も十分に調えたが一人は極めて簡単に、倶に目的地に急いだが、途に多くの宝を持った人に遇った。その人が云うには『確かに宝は充満されているが如何にも途中が危険で、盗賊は横行し、砂礫、棘刺に閉ざされ水草は乏しい。故に征くものは千万ほとんど無数であるが、達するものは極めて僅少である』と。これを聞いてその一人は『道は遠く困難は多い、自分は恐らく達することは出来まい。殊に相当の財産もあって生活には困らぬ。かかる危険を冒して命でもなくすれば、長寿が出来ない』と。いま一人は『全然達せられないのでない、現にいまの人も往って来たのだから万難を排して往こう。たとい途中で斃るるとも本望である』と。かくて一人は悔いて退き、一人は勇んで前進して遂に目的を達してあまたの財宝を持ち帰って父母親戚を喜ばした。先に還った者はこの成功を見て心に熱を生じて『彼でさえ往って来たのだ。自分もじっとしておられぬ』とて、十分な旅装を調えて出掛けたことである。

右は一の喩で、七宝の山は大涅槃に、雲泉は仏性に、二人は二聖者の初発心者に、険岨の道は迷界に、途上の人は仏陀世尊に、盗賊は四魔に、砂礫棘刺はもろもろの煩悩に、水草なきは仏道を修せざるに、一人還るは退転の聖者に、一人往くは不退転の聖者に喩えたのである。右の喩えに険道を説いて『人が悔いて帰るから道を無常にしよう』と言うことの出来ないように、求道心を退転する者があるからと云って仏性が無常とは云われない。

獅子吼よ、先の喩えにおいて始めに悔いて還った者も同伴者の帰るを見て勇気を得、身命を賭して七宝山中に到るように、聖者の求道の旅においても永久の退転者と云うものはない。最後には如何なる虚弱下劣の人も必ず仏道を完うし得るものである。故に予は経典の中に『一切の生類は元より五逆を犯し、四種の重禁を犯した極悪人や、一闡提までも総て仏性を具えている』と説いた。

獅子吼よ、一切の生類と諸仏の境界と聖者の学行と仏性との四法は差別的認識の及ぶ所でない。何となればこれ等の四法は一切の差別を離れた常住の絶対境であるから。この故に予は宣言する『一切の生類は煩悩に覆わるるために仏性を見ない。仏性を見ざるによって涅槃を得ないと。』

解脱と修養

「世尊、私は、涅槃に入って煩悩の繋縛を脱すると云うことはないと思います。生類は主観と客観（五陰）の仮に和合したものであるから、主観客観を離れて生類はない。然るにその主観と客観は念々に生滅して前後相異っている。刹那に生滅して前後異なるとすれば誰が縛り、誰が解くのでありますか。」

「獅子吼よ、人の臨終における断末魔の苦しみは生涯になせる善悪の結果の相《すがた》である。この五陰が滅する時次の五陰が直ちに続いて秋毫の間隙もない。それはあたかも光が点ぜらるれば闇が直ちに滅し、光が滅すれば闇が直ちに生ずると同様である。また蠟印を泥に印する時は印と泥とが合し、しかも印が滅して文字が出来るが、これは蠟印が変じて泥の印となったのでもなく、泥より文字を出したのでもない。また他所から来たのでもない。ただ印の因縁によって生じたのである。五陰もその通りで、現在の陰が滅して次の陰即ち『中陰』を生ずるも現在の陰が変じて『中陰』の五陰となったのでない。しかし『中陰』の五陰が自ら生じたのでもなく、他所から新しく来たのでもない。全く因縁によって生ずるのである。この『中陰』で父母交会の縁に遇えば壊れて後の五陰即ち生陰を生ずる。生まれれば外境に対して貪《むさぼり》を起し、次いで愛を起す。貪愛と無明との二因縁のために所見はことごとく顚倒して善悪の行となり、煩悩業となる。これを繫縛と名づける。この人にして仏および話の善友に親近し、仏の教説を聞くことを得て善境界を見、そして大智慧即ち正知見を得れば迷界にあって悔心を生ずる。悔心は生滅世界を楽しみとしないから貪欲を破壊する。貪欲を起さねば八聖道を完うして生死変化をなくすることが出来る。この生死変化のないことを解脱を得ると名づける。火が薪に遇わないのを滅となすように、変化差別の苦悩を滅するを滅度と名づける。五陰はかくして滅するのである。」

「世尊、五陰を繫ぐ者のないのに、どうして繫縛しますか。」

「煩悩の鎖を以て五陰を繫縛する。五陰と煩悩とは別なるものでなく、五陰を離れて別の煩悩なく、煩悩を離れて別の五陰はない。」

「世尊、生類の五陰は空で実在しないとすれば、誰が教えを受け道を修するのですか。」

「獅子吼よ、一切の生類には念心、慧心、発心、精進心、信心、定心などがある。これ等の心も念々に生滅はするが、相似相続して断滅することがない。修道はここにある。」

「世尊は相似相続と云われますが、然らば念々生滅は念々の滅として相似相続することになって、どうして修養が向上せられましょう。」

「獅子吼よ、灯火が念々に滅するもしかも光明は晃々として闇を照破するように、念慧等の法も念々に滅しつつ、しかも迷妄を次第に除去するものである。総て進化増長するのは心の断ぜざるがためで、人が書を読む時、その字句は同時にあるものでなく前後次第するから人と字と心想とは何れも念々に滅している。しかし久しく修するによって、その意義を理解するように、また金工が初め技を習う時から白頭になるまで次第に念々に滅しながら、練習の功によって妙技を習得するように、また種子は芽に、華は果に、『汝は当《まさ》に芽を、或いは果を作すべし』と教えなくとも法性の理として自ら生ずるように、また教理は一は二に至らず、二は三に至らず念々に滅し去るもしかも千万の数に上るように、また灯火の念々に滅するに初滅の焰は後焰に『自分は滅するが汝生れて諸闇を破れ』と教えないように、まだ牛の子が生るれば人が教えなくとも乳を求むるように、生類の修道も久しき練磨と本性とによって向上進歩するものである。故に生滅相続するも前後相似することはない。もし相似るときは増長進歩は行われない。修養に志すの初めは煩悩を破壊することはないが、久しく修養するによって一切の煩悩を破滅し尽すことが出来る。」

「世尊は仏教道徳を守り（戒）、不動の信念を養い（定）、そして真実の智慧の琢磨（慧）に精進すれば退転なく大涅槃に近づかれると説かれましだが、一体、如何にすれば戒定慧は完うせらるるのですか。」

「真に戒を持つと云うことはその道徳的修養を、生類のために、正法のために不完全より完全へと向上させながら、道徳の本質、徳目、実行者およびその結果などを認めないことである。次に三昧を修するにしても『一切の生類のために』と云う平等にして広博な精神を養いながら、三昧の本質、三昧中の状態、実行者およびその結果などを認めない時に始めて真の三昧は得らるる。次に真実の智慧を研くにも生類のためにとか迷妄を除くためなど云う心のある間はなお真の平等真実と云われない。真実の平等智と云うのは智慧そのもの、その作用、結果などを認めないばかりでなく、智慧を磨くもの自身さえ認めないことである。かくの如き修養と研究をなす者を聖者と名づける。声聞とはその修養と研究とにおいてかくの如くなり得ないものを云うのである。

獅子吼よ、人が戒を持ち三昧を修するのは身心を浄化するためで、智慧を研くのは一切の疑惑を破るためである。疑惑を破るのは道を求むるためで、求道は仏性を見、真理を体得して無上の大涅槃を得んがためである。更にまた入涅槃即ち一切の束縛を脱するのは生類の差別的一切の変化、煩悩、形式、偏見を打破して常、楽、我、浄の法を得んがためである。」

「世尊、無始、無終を常住の条件とすれば、無始無終に行わるる変化もまた常住にして、涅槃と名づけねばなりますまい。」

「獅子吼よ、生滅変化の現象は因果関係によって成立するものである。因果的存在であるから涅槃と名づけることが出来ぬ。何となれば涅槃は本質において因果を否定するから。もし予がかつて因によって涅槃を得ると説いたことがあるとすればそれは仏性を指して涅槃因と云ったのであろう。しかし仏性が涅槃を生ずるのではない。仏性は修養の力と共に煩悩を破壊するので、涅槃を生ずるものではない。形式上仏性は涅槃の因の如きも実は涅槃を生ずるのでないから、涅槃には因がないと云わねばならぬ。よく煩悩を破壊するから大果とは云うものの、実は修養に因って生ずる結果ではない。故に涅槃には因もなく果もない。」

「世尊、生類は一の仏性を共有するのですか、或いは各別的なのですか。もし共有とすれば一人が成仏すれば全生類が成仏せねばならぬ。もし各人の固有とすれば個別的で平等常住とは云われないではありませぬか。」

「生類の仏性は共有とも個別とも一定し難い。一切の生類にひとしく具えているが八正道を完うする者のみ見ることが出来る。それは雪山にある忍辱草を食う牛は醍醐を出すと同様である。」

「世尊は忍辱草の例を引かれましたが、その忍辱草は一、多何れなのですか。一とすれば牛が食えば尽きる。多とすれば仏性の例とはならぬ。また八正道を修すれば仏性を見ると云われますが、道が一であれば尽きることがあるし、多とすれば円満に成就することが出来ず一切智とは云われますまい。」

「獅子吼よ、平坦な途の中央に樹がある。その下は緑蔭深うして憩うに適するので行人は皆、足を止めて、涼を取るに幾人憩う人があってもその蔭は変化せず、また消えることもない。正道はその路のように、仏性はその蔭のようである。また大城に唯一つの門があって、幾人通過してもそれが後の人の妨害とならぬように一の修道が他の妨害をなすことはない。」

「世尊は妨害とならぬと云われますが、先行者が道にあるときは後の者に妨げとなるではありませぬか。正道と仏性とがそうだとすれば一人が修行しているときは他の妨害となるではありませぬか。」

「獅子吼よ、勿論予の引例は幾分相似る点があるから引いたので決して完全な例ではない。世間の道には障礙もあり彼此の別もあるが、出世間の道には障碍なるものはなく、平等無二で彼此の差別はない。かく正道は、灯火が物を明らかにするように一切生類のために了因となるので生因とはならぬ。未だ仏性を見ない間には彼此の差別を見るが、一旦証《さと》れば彼此平等にして一切を満足して一切智となることが出来る。また毒を乳の中に入るれば酪、酥ないし醍醐と名を異にするも毒性を失わないように、生類はその境界に依って別異の身を受けようとも、その仏性は常一にして変化することはない。」

入滅地の選定

「世尊、全インド十六大国には舎婆提城、毘舎離城、王舎城等の六大都市がありますのに、何故に辺鄙にして狭隘な拘尸那竭羅《クシナガラ》城において入滅せらるるのですか。」

「獅子吼よ、拘尸那竭羅城を辺国の穢い町と云ってはならぬ。この町は仏陀の教化の行わるる処であるから、むしろ花の都と云わねばならぬ。あたかも賤が伏屋も国王の行在所となれば荘厳佳麗は大王の車を廻らしめたと讃えると同様である。また人が重病の時に穢い薬を服しても、病が癒れば歓んで最上の妙薬と讃めると同様である。

予が特にこの町において仏性常住の大義を説く所以は因由する処が遠い。この町は永劫の昔、善覚と云う時代に憍尸迦王の造営したところである。その王は仏の万有無常の真理を信じて常に仏教主義の政治を行っていた。時に、予も国民の一人としてその王化に浴し、万有の無常にして仏身のみ常住なことを証《さと》ったことである。いまはこの土地の過去の大恩に報いるためにかく仏性常住の真理を説いているのである。またこの町が拘舎跋提と名づけられた時に、その国王善見は長子の出家学行に刺戟されて娑羅林で四無量心を修して仏身の常、楽、我、浄を体認した。この善見王が予の前身である関係から、いまこの拘尸那竭羅城において説法するのである。

獅子吼よ、汝は六大都市と云ったが、予はすでに舎婆提城等の六大都市を総て遍歴して教化を施した。

予が出家して未だ成仏しない時に、王舎城の頻婆娑羅王は成道後、第一の供養を捧げたいと申し出たことがある。その約束を果すために先ず憍薩羅国に這入り、その国の伊連禅河の畔で迦葉およびその門下五百人を済度することが出来た。次で王舎城に入って王の供養を受け、ここで舎利弗、目連を始め二百五十の弟子を得た。進んで舎衛国に向った。時にその国の長者、須達は予を迎えるために巨万の富を傾けて祇陀太子の庭園を購い、実に壮麗、人を驚かすの大殿堂を建築して、予を請した。そこで予は壮士の骨を伸ばす間の如く速やかに舎衛国の祇陀太子の庭園にある須達精舎にいった。かくて盛んな献堂式が行われた後、予はあまたの門徒と共にその裡に住まうことにした。

波羅門教の徒は予の教化の盛んなるを妬み、憍薩羅に集まり波斯匿王保護の下に、予と論議を戦わして勝敗を決せんとした。時に予は入城して王からその企てを聞いて『彼等が破れて予の門下となることは火を見るより明らかである。故に彼等を収容するあまたの僧坊を造立せられよ』と、予告しておいたが、果して彼等はその誤謬を覚ってことごとく仏教に帰依することになった。

なお多くの波羅門教の徒輩は婆枳多《ばきた》城の人々に対して仏教の非を挙げて盛んに邪法を宣伝した。時に予は母を教化するために忉利天にあって説法していたが、邪教の普及さるるを憂うる教徒の願を容れて七日の後に婆枳多城に教化を試みた。あまたの人々は皆予の教化に浴して正法に帰依したので、邪教徒は毘舎離に移って教線の拡張をはかった。予は邪教に欺惑さるるあまたの生類の不幸を憐み、進んで毘舎離の菴羅林において教莚を開いて広く福音を伝えた。黎車《りしゃ》族の帰入したのもこの時である。予は次第に邪教を撲滅しつつ波羅奈《はらな》、瞻波《せんば》の諸城を教化した。邪教の徒輩は至る処に破れて最早六大城に足を停むることを得ず、拘尸那竭羅城に集って最後の奮闘によって教勢維持の挽回策を講じた。予がこの地に最後の教化を試み大獅子吼をなすもこれがためで、彼等邪教に迷える者を如何にもして救済し、その非を証《さと》って正法に帰依させたい大慈悲に外ならぬ。予の大獅子吼によって流石に頑迷な邪教徒も理に伏し、信心を起して正法に帰入した。大獅子吼とは即ち大涅槃のことである。

獅子吼よ、予が双樹の間を選定したのは、東方の双樹は無常を破して常住を得ることを表示し、南方

（楽）、西方（我）と次第して北方の双樹は不浄を破して真浄を得るを表示するからである。またこの四双樹は四天王の掌どる処で、予の説く正法が四天王の守護するところなることを示さんがために、この双樹の間において入滅するのである。また娑羅双樹は華果常に繁茂して広く種々の生類をよろこばしている。予もまた常に大我、真楽の教を以て万霊を利益する。これもこの娑羅林を入滅地と定めた一の理由である。」

「世尊、仏は何故に二月に入滅せられますか。」

「獅子吼よ、二月は陽春、万物生長し、百獣哺乳の時で、生類の最も常見に陥り易い時である。この時季が万有の無常にして如来のみ常住なることを説くに最も適すると考えて二月を選んだのである。」

「世尊は出生、出家、成道、第一説法等皆八日でしたのに何故に入滅だけ十五日を選ばれたのですか。」

「十五日の月の満々として秋毫も虧《か》ぐるところのないように、仏陀も大涅槃に入ってすこしの欠減もない。この意味を表わすために十五日を入滅の日に選んだ。入滅と云うものの大涅槃に入るので、真実入滅するのでない。しかし我が弟子の中でも愚痴《おろか》な者は真の入滅と思うであろうが、それは母の他行して久しく還らざるを自分の母は死んだと思うと同じで、母の死なない如く予もまた死滅することはない。」

「世尊、如何なる者が世尊の入滅の会座を飾る資格者でありますか。」

「獅子吼よ、予が一切の教説を暗誦しその文句を正し、深義に通じて広く衆のために解説する者が有資格者である。」

「それでは世尊の教説を一器の水を一器に瀉《ママ》すが如く正伝した阿難尊者がその人でしょう。」

「彼ばかりではない。心眼を開いて宇宙の真相を洞観するもの阿尼楼駄《あぬるだ》の如き、少欲知足の法を完うしている迦葉の如き、空の理に体達している須菩提の如き、神通自在なる目連の如き、真実の智慧を体得している舎利弗の如きも皆この会座に光を添えるものである。また仏性の普遍を説き、常住不変の身を得て真の自由境にある者もまたこの会合を荘厳《かざ》るものである。」

「世尊、それは唯仏陀のみでしょう。実に世尊は常住無辺の体、常楽我浄の徳を具えて真に自由の天地に遊び給う。真にこの娑羅林の大会を光輝あらしむるものは唯世尊あなた一人であります。願わくは大慈心をもてこの娑羅林に、否この宇宙に光栄あらしむるために永遠にこの地に住《とど》まり給え。」

「獅子吼よ、万有には一定処のないものである。殊に一切の差別と束縛とを除いた仏陀は宇宙に遍満して常住であるから、『娑羅林』にと一定処を限る必要もなければ、『永遠に住れ』と冀う必要もない。無住無辺の存在、これが仏陀であり、大涅槃である。無住とは屋宅のないこと、屋宅のないのは存在のないこと、無存在は無生、無生は無死、無死は無相、無相は無縛、無縛は無執着、無着《ママ》は無漏、無漏は善、善は無為、無為は大涅槃、大涅槃は常、楽、我、浄と次第して、常楽我浄は即ち如来である。故に予は何処《いずこ》と処を限らず宇宙に遍満する永遠不滅の実体である。」

涅槃顕現の三相

釈尊は獅子吼の涅槃を無相と名づける所以についての問に答えらるるよう、

「獅子吼よ、色、声、香、味、触、生、住、滅、男、女の十差別相のないのを無相と云うので、これ等の十相に執着することがなければよく事物の真相を究めて愛欲を生じない。従って繋縛を受けない。総ての束縛を脱するが故に、再び迷妄を生ずることもなく、これを滅する必要もない。これが常住の本体即ち涅槃である。この故に涅槃を無相と名づける。これ等の十相を断ずるには常に三昧と智慧と捨とを修すべきである。」

「世尊は三昧を非常に重大視されますが、心を一境に止むることは誰にもある事で、新しく修練する必要はないと思います。また心を一境におくのを三昧と名づけるので、もし他を観察するときは三昧とは名づけられぬ。しかし三昧でなければ一切智でない。一切智でないものをどうして三昧と云われましょう。慧と捨の二相もその通りでありましょう。」

「獅子吼よ、汝が心を一境におくのを三昧と名づくるので、それが他に及ぶ時は三昧と名づけぬとは誤った考えである。他の境と云うも総て一境を出でないのである。また生類は今更三昧を修する必要がないと云うも決してそうでない。予の云う三昧は世間一般に云う精神統一とは異って、何人も未だ有《も》ってない善三昧のことである。それが何故に修する要がないか。この善三昧の中にあって万有を観察しその真相に達するのを善慧の相とする。この智慧と三昧とを別視しないのが即ち捨相である。三昧と智慧との何れにも偏しないのを捨と名づけるので、この捨を得て始めて仏性を見ることが出来る。十住の聖者は智慧力が多くて三昧力が少ないから仏性を見ることが出来ず、小乗の浅学の者は三昧力が多くて智慧力が少ないから仏性を見ることが出来ない。仏陀は定慧が等しいから明らかに仏性を見て了々として妨ぐる何物もない。仏性を見るのが捨相である。三昧は奢摩他《しゃまた》のことで、よく一切の煩悩を滅するから能滅と云い、よく各能力の悪を調えるから能調と云い、身、口、意を浄化するから寂静と云い、生類の五官の欲望を離れしむるから遠離と云う。慧は毘婆舎那《びばしゃな》のことで、正見、了見、能見、偏見、次第見と名づけらるる。捨は憂畢叉《うひつしゃ》のことで平等と云い不諍と云う。心を平正にして一方に偏しない状態である。

獅子吼よ、汝は毘婆舎那が煩悩を破すると云うが、それは間違っている。智慧のある時には煩悩なく、煩悩のある時は智慧がない。二者共にあることがないのにどうして破ることが出来よう。また毘婆舎那が煩悩を破すると云うのを単独に破すると云わば八聖道を修する所以が分らず、もし他と共同で破すると云わば単独で破し得ないのだから、従って共同して出来ようはずがない。あたかも盲人が幾人集っても物を見ることの出来ないように。かくの如く毘婆舎那は決してもろもろの煩悩を破するものでない。

獅子吼よ、もし三昧を得れば正智正見が得らるる。心の乱れている時は世間の事でさえ理解することは出来ぬ。まして高遠深妙な出世間の真理をどうして知ることが出来よう。すなわち三昧を修するものは智徳並び進んで、無上の仏果に到達する。聖者の学道には三昧と智慧との二を完うすることによって利益せらるることが多い。堅い木を抜くに、始めに手で動かせば抜け易いように、先に三昧をもって動かし、後に智慧にて容易に抜くことが出来る。かく智慧と三昧と不離の関係にあって、二者相待ってその作用が完全さるる。あたかも武士が始めに甲冑に身を堅めて後に敵を破るように、また地面を平らにして後に種を下すように。

獅子吼よ、聖者がこの二者を修すれば身心を浄化して苦悩を除くことが出来る。即ち心は常に緊張して非行を慎み、もろもろの謬見に惑わされずもろもろの悪い思索を捨てて、久しからずして無上の仏道を成就するであろう。故にこの二者を修する者は四種の顛倒観に惑乱せらるることはない。

獅子吼よ、その定相とは万有の空なることを観察する空三昧のこと、慧相はあらゆる欲求の念を離るる無願三昧のこと、捨相とは万有の差別相を否定する無相三昧のことである。この定慧捨の三を修習する者はその力によって無相涅槃を得る。」

修養の力

獅子吼は進んで仏道修行の力用について釈尊の垂示を促すべく尋ねるよう、

「世尊、聖者は幾何の法を完うして無相涅槃、無執着の境に至ることが出来ますか。」

「獅子吼よ、それには十種の法を完うすべきである。十とは一に信心具足、これは深く三宝の常住と一切の生類、および一闡提にことごとく仏性のあることを信じて、仏陀の入滅と教法の滅尽とを信ぜないのである。

二に浄戒具足、戒を持つに戒のため、戒波羅密のため、生類のため、利益のため、学道のため、涅槃のためなど云う効果を予想せず、唯第一義即ち真理のためにと精進するを云う。

三に善友に親しむ、戒を信じ、法を求め、布施をなし、智慧を磨くことを説いて人を修養に導くものを善友と云う。

四に寂静を楽《ねが》う、身心の平正を持って万有の無尽の関係を観察することである。

五に精進、四種の真理（四諦）を観察し、頭に火がついても止めないことである。

六に念具足、仏、法、僧、戒、捨、天の六を念ずるのである。

七に耎語とは真実を語り、用語の自由なることである。

八に護法、正法を求め、常に読誦し講学してその宣揚流布に力を用いて、法を護るためには身命を惜しまないことである。

九に同学互助、これは同学、同戒の者が生活資料に欠乏しているのを見て、他の補助を請うてこれに供給することである。

十に智慧を具足する、これは仏陀の常、楽、我、浄と一切の生類に仏性あることとを観察するのである。

かくの如き十法を完うすれば明らかに無相涅槃を見る。」

「世尊、聖者および諸仏に供養する時に得る福徳は実に限りがない。純陀がいま世尊に供養する福徳もまた尽きる時はない。然らば純陀が成仏するのは何時なのですか。一食を施す果報でさえ永却の間、三悪道の苦を免れるとか、まして純陀が誠心こめての供養、布施波羅密を完うせる果報の無限なることは言をまたぬ。善の果報でさえ尽きないとすれば正法を謗り、五逆、四重を犯し、善根を断つ極悪の果報が尽きる時はない。この終尽がないとすればどうして仏性を見、無上の仏道を成就することが出来ますか。」

「獅子吼よ、一切の業は善悪を論ぜず軽重は決定的のものでなく、智者と愚者によって分れる。故に一切の業は皆、決定して果を得るのでなく、得ないからとて得ないに定まったものでない。智者は智慧の力にてよく地獄極重の業を現世において軽くし、愚痴の者は軽い業も地獄に重い報を果《ママ》くるものである。もし一切の業が決定的に果を得るものとすれば、聖行に励み解脱を求むることは出来ぬ。不定なるが故に梵行および解脱を修することが出来る。一切の悪業を離るれば善の果報を得、善業を遠ざくれば悪の果報が得らるる。もし聖道を修せなければ解脱はない。一切の聖者が道を修する所以は定まれる業を破壊して軽い果報を得んがためである。これは不定業には果報がないからである。故にもし一切の業が決定しているものなれば聖道を修する必要はない。然るに聖道を修することなくして解脱を得る理由もなく、また解脱を得ずして涅槃を得る理由もない。故に生類が解脱を得、涅槃を得るは全く業の不定なるによってである。もし決定的のものとすれば一代になせる純善の業は永遠に安楽を受けて変ることなく、また一代になせる悪業もまた大苦悩を受けて永遠に変えることは出来ない。かくては修道も解脱も涅槃もなくなる。」

「世尊の説かるるように一切の業および果報が決定的でないとすれば、如何にして現在の軽報を地獄に重く受けさせ、地獄の重報を現世に軽く受けさせますか。」

「身に仏教道徳を厳守し、心に真実を求めて止まなければ解脱を得、涅槃を得る。要は繋縛を離るることで、わずか一銭の負債を償却しないために捕えられて獄裡にあまたの苦を受けるように、人の罪業もこれを転化すれば即ちその束縛を脱する時、苦を免れて安楽が得らるる。」

「世尊、如何なる人が現在の軽報を地獄の重苦に転ぜしむるのですか。」

「次の五事をなすものは地獄の苦を受くる。一に愚痴の人、二に善根微少の人、三に深重の悪業をなす人、四に懺悔せざる人、五に聖道を修せざる人。また一に悪業を積ね、二に道徳修養の心がなく、三に善根を離れ、四に身に戒を持たず心に真実を求めない、五に悪友に親しむ時は地獄の重苦を受ける。」

「世尊、それでは如何なる人が地獄の報を転じてその罪を軽減するのですか。」

「獅子吼よ、身に仏教道徳を守り心に真実を求むるに、なすもの（所修）となさるるもの（能修）とを認めない即ち作為的心意を離るるものは、よく身心を浄化し地獄の果を現世に軽く受けさせる。かくの如き人はたとい極重の悪業を作るも自ら思惟観察して軽微にすることが出来る。即ち心に強い自信をもって『自分の業は重くとも自分のなす善業には及ばない。それは塵埃の百斤が到底金貨一両に敵し難いように、また恒河《ガンジス》の中に一升の塩を投ずるも水に鹹味のないと同様である。智者のよく苦報を転じて楽となすは大象が鉄の鎖を切って自由の身となるようである』と。そして『自分のなす善の力は遥に多くて悪業は極めて羸弱《るいじゃく》である。自分は常に告白懺悔して過悪を除いている。常に真実を求めて倦まないから智慧の力が多く無明は少ない』と強い信念をもって、善友に親しみ仏陀の教説を読誦講学して益々尊信を篤くして、この『大涅槃経』即ち如来の常恒不変と仏性の普遍とを信ずるものは、よく地獄の重報をして現世に軽く受けさせる。

獅子吼よ、かかる理由によって一切の業にはことごとく定果があるのではなく、また一切の生類が必ず受くるものでもない。」

修養の必要

「世尊、業の果を引くことが一定せず、生類全般に仏性あって同じく八正道を修するに、何故に一切の生類が総て大涅槃を得ないのですか。仏性があれば必ず無上の仏道を成就すべきことは、世尊のかつて説かれたところであるのに、何故に八正道を修する必要があるのですか。また一闡提、四重罪、五逆罪の者が無上の仏果が得られぬならば修養の必要もあろう。しかし仏果は仏性によって必ず得らるるので、決して修養の力に依るものでない。故に仏道の修養に精進する必要はないと思いますが如何ですか。」

「獅子吼よ、洗浴のために、或いは賊の難を避けるために、或いは華を採るために恒河に入る者に（一）水に入れば直ちに沈む人、（二）沈むも再び浮かんで更に沈む人、（三）一往沈むも浮かび出て再び沈まぬ人、（四）一往沈んで浮かび出でて四方を観る人、（五）浮かんで方向を観て去る人、（六）去りがけに浅所に憩う人、（七）彼岸に至り大山に登る人の七類のあるように、迷界生死の海を渡るにも七種の人がある。

第一の人は一闡提、これは断善根と云い、悪業重く信仰なきが故に生死の河に没して出ることが出来ぬ。この人も始めは煩悩を恐れ生死の大河を渡らんとして出家したが、悪友のために惑わされて『この身は死すれば断滅するもので、善悪または善悪の結果と云うものはないから、修養の必要はない』と云う謬見を抱くに至ったのである。

第二の人は出家して善友に就き正しい修養の歩を進めているも、性質が痴鈍なために悪友の邪見に惑わされて善根を断じ、遂に出家し得ないものである。

第三の人は生死の海を渡らんとするに善根を断ずるが故に一往は沈没するが、後ち善友に就きて仏性普遍と如来常住の真理を聞き、堅くこれを信じて怠らず遂に出離するもの。

第四の人は始め善根を断つも善友の教えに随い信仰を確立して、退転なく四方即ち修養の道程における低い四種の階位を観るもの。

第五の人は意を発して苦界を出でんとするも善根を断つが故に一往は没して居たが善友の教えによって信念を確立して精進するが故に修養の更に向上して縁覚の境地に至るもの。

第六の人は第五より更に進んで生類教化のために浅処に住して煩悩を観察するもの。

第七の人は第六の更に浅処を出で、進んで彼岸に到り大高山に登って多くの安楽を受くる人である。

獅子吼よ、彼岸の山とは如来を喩え、安楽を受くるとは仏の常住を喩え、大高山とは大涅槃を喩えたのである。

獅子吼よ、恒河の岸に住む人は完全な手足を具えて居ても自ら求めなければ彼岸に至ることが出来ないように、一切の生類もまた仏、法、僧の三宝は実在して常に真理を語り、八聖道、大涅槃も厳存して人の来るを待つも生類が自ら求めなければ得ることは出来ぬ。生類ことごとくが涅槃を得ないからとてそれは予の咎でもなくまた聖道、生類等の過でもない。総て煩悩の過悪である。一切の生類はこの煩悩のために涅槃を得ないので、涅槃はこの煩悩を脱却する処に現わるる。故に要するものは衆生の修養である聖道の実践である。煩悩の瀑流を押し切って自ら努むる処に次第に涅槃の光明は輝く。

獅子吼よ、汝の『仏果は仏性の力によって得らるる』と云う考えは正しいが、そのために聖道を修する必要がないと云うことは誤っている。仏性は確かに一切の生類にあるが、必ず清浄にして汚れのない真実道を修するによって始めて見ることが出来る。それはあたかも沙漠を旅行して水に欠乏した人が井戸に遇って、井戸の深いために水は見えないが、水のあることは確かなので、種々の方法を講じて覔《ママ》を作り、それで汲み取るとき始めてその水を見ることが出来るのと同様である。

獅子吼よ、仏性は不退転で、将来必ず直観し、体得せらるるが故に予は『一切の生類に仏性がある』と宣言するのである。

むかし或る国王が臣下に命じて一頭の象をあまたの盲人の前に引き出させ、盲人達が象に手を触るるのを見て、尋ねて云うには『汝等は象を見たか』と。盲人たちは異口同音に『十分見ることが出来ました』と答えた。そこで国王は尋ねて『象はどんなものであるか』と。象の牙に触れたものは『象の形は萊茯根《あかざ》のようです』と云い、その耳に触れた者は『象は箕《み》のようです』と云い、その頭に触れたものは『象は石のようです』と云い、鼻に触れたものは『象は杵のようです』と云い、脚に触れたものは『象は木臼のようです』と云い、脊に触れたものは『象は牀のようです』と云い、腹に触れたものは『象は甕のようです』と云い、尾に触れたものは『象は縄のようです』と云った。この盲人の象についての知識は唯皮相一偶のもので、その実体には触れてない。しかし全然触れないとは云えぬ。彼等の触れた処を離れて別に象があるのでないから。これは生類の仏性についての所見を現わす一の譬喩である。即ち王は仏陀に喩え、臣は『大乗涅槃経』に、象は仏性に、盲人は一切の無明の生類に喩えたのである。もろもろの生類は予の仏陀に関する教説を聞いて或る者は『肉体が仏性であろう。仏陀の肉体は常住にして滅しないから』と云い、或る者は『感覚（受）が仏陀であろう。仏陀の真楽は感覚によって得らるるから』と云い、或る者は『表象作用（想）を、或いは意志（行）を、或いは悟性（識）を仏性』と思い、また或る者は『身心を離れてある「我」が仏性である、生類の我の転化したのが、仏陀の八自在我であるから』と。生類の我は無常であるが、仏陀の我は真実に常住である。

獅子吼よ、一切の現象は無常であっても常住と名づけるように、生類の仏性もまたその通りである。また彼の盲人が各々象について云う処は皆象の実体を得ないが、たとい一分にせよ象を説明していない訳ではないように、仏性を説く者もまた真実性を得てないが幾分の説明にならぬ訳ではない。実に仏性は生類を組織する五陰、および自我と不即不離のものである。外教徒の中には自我を説くものもあるが、実は我と云うものはない。世人の云う我は身体で、身を離れて外に別の我はない。これは仮我で真我でない。真実の我と云うものは仏陀の常住なること即ちその法身の無辺、無礙、不生、不滅、自由なるを云うのである。生類にはかかる我および我の所属と云うものはないが、必ず絶待の真理を得るからそれを仏性とする。

獅子吼よ、大慈大悲は影の形に随うように必ず聖者に随伴するから、大慈大悲を名づけて仏性とする。一切の生類は必ず大慈大悲を得べきが故に、予は『一切の生類に仏性がある』と宣言するのである。また大喜、大捨、大信心、一子平等、十二因縁、四自在智、頂三昧等の異名がある。これ等のものは如何なる生類も必ず得らるべきものであるから『一切の生類にはことごとく仏性がある』と云わるる。

獅子吼よ、汝は『生類はすでに仏性を了《あきらかに》するから、正道を修する必要はない』と云うが、十住の聖者でさえ八正道を修してなお少分の仏性を見るのみである。まして何等正道を修せないものが見られよう理由《わけ》がない。文殊等の大聖者でさえ永劫の間、正道を学修してようやく仏性を了知するのであるから、小乗浅学の者が仏性を知ろうはずがない。もしもろもろの生類が明瞭に仏性を知ろうとするには、一心にこの『大涅槃経』を愛読し、講学し、尊重して更に善友に親しみて念々に学道に精進せねばならぬ。」

「世尊、生類の出生には胎、卵、湿、化の四種があって、人類も原始時代には皆ことごとく化生であったと云いますのに、八自在を得ている世尊は何故に化生せられないのですか。」

「獅子吼よ、原始時代には生類は皆化生であった。この時代には生類は煩悩を有《も》っていたが、未だそれが発動しないので、これを治する仏陀の出生を要しなかった。後に煩悩が活動して、種々の迷妄に執わるる時に始めて仏陀は出生せらるる。従ってその種姓、父母、一族は生類に勝って生類の信憑に足るものとならねばならぬ。この故に仏陀は父母を要しない化生を取らないのである。

そもそも仏教の擁護者には内、外の二がある。内護とは各自の厳粛な道徳生活で、外護は親族、縁者である。もし仏陀が化身となればこの外護をなくするから、化身を受けない。とかく人々は己れの姓《かばね》を恃んで憍《たか》ぶるものである。仏はこの憍慢を破るために尊貴な王家に生れて化身を受けない。故に仏には必ず父母がある。父母のあるものをどうして幻化と云われよう。かく一切の諸仏は皆化生でないのに、予一人が化身であろうはずがない。」

第十九　涅槃の風光〈迦葉菩薩品〉

仏の子善星

次に聖者迦葉は涅槃の活動について釈尊の教えを請うよう、

「世尊、仏陀は慈悲憐憫を生命とせらるるに、何故に仏陀が聖者であった時の子、善星《ぜんしょう》を一闡提、地獄の人として救済不可能の人とせられますか。世尊がもし善星を救済出来ねば大慈悲者、大医王と云うことは出来ませせぬ。」

「迦葉よ、父母に三人の子があって第一子は賢者で父母に孝養を尽し、第二子は愚ではないが信順の心を欠ぎ、第三子は愚かでかつ信仰もないとすれば、父母はこれを教うるに先ず何れから始めると思うか。」

「それは智慧の勝れて信仰のある第一子から始め、次に第二、第三に及ぶでしょう。」

「いま仏の教化もその順序で行わるるもので、先ず智慧の勝れた聖者に高遠な教えを説き、次に現在直に効果はないが、未来の発展のために浅学の教徒に卑近な教えを説き、最後に一闡提に通俗的の法を説かるる。しかし仏の教化の精神としては、三子に対して上下賢愚の別を見ない。それは屠者が象を殺す時にも全力を尽し、兎を殺す時にもまた全力を用いて軽視せないと同様である。故に予は善星に対しても事ある毎に教えを説いた。彼が予の優越性を疑った時、また阿羅漢を無因無果を説く堕落せる波羅門教徒と同視した時、また苦行波羅門を阿羅漢の最上位と考えた時など、常に真実の教えを説いて誘導に力を尽した。しかも善星が何等得る処なく却って地獄に堕ちたのは怠慢でかつ悪友に親しんだためである。それでも昔より彼に毫末の善根のあることを知っている予は、なお慈悲の心から地獄に堕ちるとは云わなかった。彼が無因無果を公言するに至って、彼の善根は永断せられ、遂に予の力の及ばないようになったのである。

地獄に堕ちて苦に迫《ママ》めらるる一闡提が、未来に善根の復活を見るも現在の苦を救うことは出来ぬ。未来の善根によって未来は救済せられようが、現在は如何ともし難い。故に救済出来ぬと云ったので、永遠に救済されぬことではない。一闡提も仏性の開発によって必ず救済せらるる。仏性は過去、未来、現在など云う時間に拘束さるるものでない。三世に拘束さるるものは無常なるがために、常住不易の仏性には三世はない。仏性は未来修養の進展と共に見らるるもので、現在に見ることは出来ぬ。生類は未来に身心を浄化して仏性の顕現を得るが故に、本来三世の説くべきなき仏性を、しばらく顕現の相の上から未来と云ったのである。

迦葉よ、仏陀は一切生類の性能（根）を知る力を有《も》っている。故に善の性能についても上、中、下を区別し、よく下を転じて中となし、中を転じて上となし、また上を転じて中となし、中を転じて下となすことを知っている。かく人の性能は決定的のものでない。決定しないから或いは善根を断ち、断ちおわって復活する。もし性能が決定的のものとすれば前に断つこともなく、また断たれて復活することもない。」

教説の矛盾について

「世尊、世尊は一切の性能を知る力を具えて、一切の生類の能力の差別、現在および未来における生類の性行について知悉せらるるに、世尊の教説は何故に或いは有我と云い或いは無我と云い、また仏陀は入滅すると云い、或いは不滅と説かれて一定せられないのですか。かくては滅後の濫を招き、各人ほしいままの説を立てて却って善根を断つことになりはしませぬか。」

「迦葉よ、汝は予の教説に一貫した主張がなく、ために後の混乱を招くと云うが、予の教説には何等の矛盾なく、前後一貫している。矛盾あり撞着ありと云うは各自の迷妄を基調とするからで、真に予の教説を理解する智者に対しては常に予の教説は一定している。形式の上で如何に異なろうともそれは表現の差異で、表現せんとする本質は常に一貫して絶対の真理を述べている。予の教説は常に迷妄差別を離れた第一義絶待の真理を説くが故に、前後矛盾しその主張に二、三あろうはずがない。矛盾があり、二、三となれば、それは第一義でなく、常住の真理とは云われぬ。

故に予は相手の最も理解し易い説明形式を執るために、予の入滅についても万有の常住を固執する香山中の五万三千の仙人、その力を恃んで憍恣至らざるなき拘尸那竭羅の三十万の力士、その他金工純陀、仙人須抜陀羅、阿闍世王などは予の『三月を過ぎて入滅する』の宣言によって求道心を発し、邪見を捨てることは出来たが、なお三月後に入滅すると云う『入滅』の語を固執して、予の真意を解せず『仏陀は必ず入滅する』と説くであろう。また入信の聖者は予の三月入滅の言葉を聞いて『仏でさえ死魔を破ることは出来ぬ。いわんや我々がどうして破り得よう』と怠惰心を生ずる。よって彼等には如来の常住不易を説いた。もろもろの弟子はこの言葉を聞いて予の真意を解せず『如来は永久に入涅槃しない』と固執するのである。

また無我論についても、予が行為の結果を否定する者のために、予が過去に拘尸那竭羅王善見として『王者の仁』を完うした力によって、次第に転進して遂に今仏道を成じたことを云えば、もろもろの弟子の中には予を有我論者となし、また予が『我とは仏性なり』と説けばそれを『有我』と思い、また『我は五蘊の仮りに和合したもので、あたかも拍手の声の如く出生する因縁の外に我はない』と説くを聞いては予を無我論者とするであろう。しかしこは説明の皮相を捉えて、その真意を理解し得ないものである。かくの如く或いは中陰の有無に就き、或いは求道心の退不退に就き、或いは仏身の変化差別（有為身――応化身）と常住平等（法身）とに就き、或いは十二因縁の真仮に就き、或いは心の常無常に就き、或いは五官の欲望の正道を妨ぐるや否やに就き、或いは主観と客観とを否定する世第一法を感覚世界に限るや、感覚、意識、観念の三世界に通ずるやに就き、或いは布施行の三業に通ずや否やに就き、或いは物質構成の四要素（地、水、火、風）に造らるる物質の有無に就いては対手の偏執の如何によって、説明の形式を異にした。然るにもろもろの弟子はその表さんとする予の真意を悟らずに、形式に執われている。

獅子吼よ、これ等の争議は仏陀の境地において始めて、その真相を究め得るもので、小乗浅学の者の知り得る範囲でない。この前後異なる予の教説について不審を抱いて、その真義を究めんとすれば、よく無量の煩悩を摧破することを得るが、もしその形式に執わるる時は、迷妄の基となる執着を増大する。この執着はかくかくと決定してその間に不審を抱かぬために、疑を除くことが出来ぬ。故に不善とせらるる。」

「世尊、執着する人は自ら疑う処がないから、疑を破る必要はないではありませぬか。」

「そもそも疑と云うものは始めに二物を見て、心に明瞭でないから後に疑を起すものである。即ち先に人と樹とを見てその形を知り、後に夜行して木の株を見てそれが人であるか木であるかを疑うように、また先に牛と水牛とを見て、後に遥かに牛を見て、それが牛なるや水牛なるやを疑うように、両者の間に明確な観念がないから疑を生ずるのである。」

「世尊、しかし疑は必ずしも二物を見るに限りませぬ。見ずに疑を生ずることがあります。たとえば路で濁水に遇うて、始めに見ざるもその浅深を疑う如き、それではありませぬか。」

「予が前に見ると云ったのは、前にその概念があると云うことで、前に当面の濁水を見ないでも、他で見てその概念を得ているから、未だ見ないものに対しても疑を生ずるものである。」

「世尊、前に見た時に疑を生ぜずして、後になって疑を生ずるのですか。」

「それは前には唯見たばかりで、己れの当面の問題として明確にしなかったから。即ち『不明瞭のために疑う』のである。涅槃に疑を生ずるのも、世の苦悩を見てかくの如き苦悩を遠離することが、出来るかどうかと思うのである。」

「世尊、疑と執着と同一なるものは如何なる人ですか。」

「それは善根を断った所謂一闡提である。」

「善根を断つと云われますが、一体、如何なる人が善根を断つのですか。」

「黠慧《わるがしこ》くて事理に通じて居ながら、善友を遠ざけ、正法を聴かず、真理に背く生活をなすものが善根を断つ。布施行について施す者と施さるる者と、財物との三が停住することがなければ、この三者を分けることは出来ぬ。分けられなければ受者がなく、従って果報もない。故に無因無果が真理であると主張する人、また父母によって生類は生ずるのでない。何となれば生類の身心、挙止動作は父母に似てないから。もし父母を生類の因とすれば父母の死する時、生類も死なねばならぬ。然るにかかることのないのは、父母が生類の因でないからである。また必ず父母が生類の因だとすれば常に生類を生ずべきに、化生、湿生の如きことがあるから、父母に因って生類を生ずるのでないと思う人。また広く世の中を見るに善行をなすものが病魔、貧困に苦しめられ、夭死するものさえあるのに、あらゆる悪逆無道をほしいままにして恥ずる処のないものが多くの富を得、健康を持続して長寿を得ている。これ等の世相より推して、因果説は信ずるに足らずとする者。また世に聖人なるものはない。何となれば聖人たらしむる聖道がないから。煩悩と聖道とが倶にあるとすれば聖道に煩悩を破る力がない訳で、もし煩悩のないのに聖道があるとすれば聖道は何の作用《はたらき》をするのであろうか。また一切生類の苦悩の源は等しく十二因縁にある。この苦悩を除く聖道が平等とすれば一人が聖道を得る時に一切の人がこれを得べく、一人がこれを修する時に一切の苦を滅すべきに、そうでないのは聖道の実在しない証拠であると思惟する人。これ等の人々が無限向上の根幹源泉を枯渇せしむる、即ち善根を断つものである。」

信根の復活

「世尊、かくの如く枯渇した修養の根幹、信仰の源泉もまた復活することがありますか。それはどう云う時ですか。」

「勝れた人は始めて地獄に入る時に、劣った人は地獄を出る時に復活する。」

「善根を断つ人も仏性があると云われますが、その仏性は三世の何れにあるのですか。私には何れにもないように思われます。また闡提に仏性があるとすれば善根を断ずると云えないではありませぬか。もし仏性がないとすれば『一切生類にことごとく仏性あり』とは云えない。もし仏性は有るがまた断つこともあるとすれば、仏陀を常住とすることは出来ないではありませぬか。」

「迦葉よ、仏陀が生類に対する答えには凡そ四種ある。一は是非を決定するもの、これを定答と云い、二は区分して答えること、これを分別答と云い、三は先の断定の理由根拠を尋ねた時に答うるもの、これを随問答と云う。四は置いて答えざること、これを置答と云う。今は第二の分別答によって答えよう。

迦葉よ、如来には十力、四種の優越性、大慈大悲、百千無量の三昧、相好の円満、教化の自在など限りなき聖徳霊能を具えているが、要するに皆常、我、楽、浄、真、実、善の七徳を具える仏性の現わす作用相状《はたらきすがた》である。これは仏陀であるが、聖者の仏性は常、浄、真、実、善の未だ完全しない（少見）ものである。汝の『善根を断つ人に仏性ありや』と云う問に対しては、この仏陀と聖者の二仏性は未来が覆われてあるから無とも云われ、必ず得らるるから有るとも云える。仏陀の仏性は完全に顕現しているから三世を超越したものであるが、聖者の仏性はそれを覆う煩悩の上から、少しく見えるから現在、完全でないから未来とせらるる。次に仏陀も未だ仏道を成就しない時は、仏性が因をなすから因は三世にあるも、果はそれに異っている。しかし未だ完全に仏性の顕現を見ない学道の途上にある聖人は因果共に三世にある。その修養の程度によって浅深、明不の別はあるが断善根の人は必ず将来、顕現さるべきものであるから、仏性を否定することは出来ぬ。

迦葉よ、生類はその汚れた身心から物的および心的の正善の現象を起す、その善の現象が仏性と名づけらるるから、無明煩悩等を仏性と云うことが出来る。故に予はかつて『生類の仏性は雑血乳のようだ』と云った。血とは無明煩悩で、乳とは正善の身心である。故にもろもろの煩悩および善の身心から無上の正覚が得らるる。智的迷妄を断じ尽して始めて聖者の流類に入った須陀洹《しゅだおん》の人、および実行上の麁《そ》大《だい》な迷妄を断ずるもなお微細な迷妄を残して退転のある斯陀含《しだごん》の人は少しく煩悩を断ずるが故にその仏性は乳の如く、感覚世界の智識上実行上の煩悩を断じて再び感覚世界に還ることのない阿那含《あなごん》の人の仏性は酪の如く、感覚、意識、観念のあらゆる迷妄を断じて、世の供養を受くるに足る声聞の極位に達した阿羅漢の人の仏性は生酥の如く、無師独悟の縁覚より、宇宙の実相を正しく理解する十住の聖者に至るまでの仏性は熟酥の如く、仏陀の仏性は醍醐の如きものである。かく仏性はこれを覆う煩悩の厚薄によって差別するが、各人に具有することは拒むことが出来ぬ。その有無を知ると否とは仏教の修養に志すか否かにある。現在の生類が観ることの出来ないのは煩悩に覆わるるためである。」

「世尊、仏性が未来にあるのを、現在善根を断っている人に仏性があるとは、おかしいではありませぬか。」

「迦葉よ、総て過去の業によって現在の果を得、未来の業は未だ生じないから永久にその果はない。故に現在は過去の業によって、煩悩のために善根を断って仏性を見ないが、煩悩の因を除けば仏性の力によって根芽は復活する。」

「世尊はいま身心が仏性であると云われたと思いますが、それでは先に仏性を内にあらず、外にあらずと宣言されたことに矛盾するではありませぬか。」

「迦葉よ、汝は何故、かくも殊更に曲解して、皮相の言葉に執わるるのか。既に仏性は中正のもので、言葉の上からのみでは偏狭を見れないから、表現の相（言葉）を捨て、その精神を取れと云ったではないか。絶対性の仏性が何れにも偏することの出来ぬ中正のものでなくてはならぬことが、わからぬのか。」

「私はよく了解しているのですが、他に或いは仏性の中道なることを解せないものもあらんかと、敢えて世尊の説明を請う次第であります。」

「仏性は客観（六境）にも主観（六根）にも求められず、また正覚を成就する遠因とも云うべき当初の他教による修養（外）にも、その近因をなす仏性の修養（内）にも求められず、また仏陀の円満なる相好（外）にも、十力、四優越性、大慈悲等の徳能（内）にも求められず、また無上正覚の基調をなす正善の思惟（内）にも、その思惟の源となる他の教を聞く（外）ことにも求められず、またこれを顕現する縁となる対外的修養の布施波羅密にも、対内的の他の五波羅密にも求められず、またその属性である常、楽、我、浄（内）にも、その教化の作用（外）にも求められない。内外一切を包含してしかも常住し顕現している。故に仏性を非内非外、亦内亦外の中道とするのである。

また衆生の仏性は有無何れとも云われない、何となれば有と云えども虚空の如きものでない、世間の空は如何なる方法を講ずるも見られないが、仏性は見ることが出来る。また無と云っても兎の角、亀の毛の如きものでない。兎の角、亀の毛は如何にしても見られないが仏性は見ることが出来る。故に仏性は非有非無、亦有亦無である。一切の生類に遍在して遂に正覚を成就せしむる点からは有と云われ、今現に生類にその属性たる常、楽、我、浄を見ることが出来ないから、この点からは無と云わるる。

迦葉よ、よく云わるることであるが、もし乳の中に必ず酪があると云えば、酪の中にも必ず乳の性があると云わねばならぬ。然るに何故に乳の中に酪を生じて、酪よりは乳を生じないのであろうか。もし因縁がないとすれば本、乳になくして今新たに生じたことになる。故に厳密に云えば乳の中に必ず酪があるとは云われない。故に智者は乳の中には酪性が有るでもなく、ないでもないと云わねばならぬ。

迦葉よ、生類の仏性はかくの如く内と外、有と無、常と無常の一方に偏すべきものでないから、予は断言する、『一切の生類に必ず仏性があるとすればそれは一の執着で、もしないとすればそれは虚妄である』と。故に智者は生類の仏性は亦有亦無と云わねばならぬ。

迦葉よ、予の教説には相手の如何を顧慮せず、予の意見を卒直に説いた所謂随自意説と、相手の理解を主として斟酌を加える随他意説と、互いに折衷して説く随自他説とがある。この経典において『真理を理解する十住の聖者は少しく仏性を見る』と説いたのは随他意説で、『一切の生類にはことごとく仏性がある』と宣言したのは随自意説である。また『汝の説の如く予の主張もまた、一切の生類はことごとく仏性を有《も》っているが、煩悩に覆わるるが故に見ることが出来ぬと云うのである』と、説くは随自他意の説である。

迦葉よ、『一切の生類にことごとく仏性あり』と云う仏性の普遍常住説は、予の自覚を最も卒直に云い表わした、所謂随自意説であるから、凡人の理解することの出来ないのは当然である。否、かかる随自意説は全く体験を待つの外はないから真理を理解する十住の聖者でさえ理解することは出来ぬ。まして小乗浅学の羅漢や十住以前の聖者がどうして理解出来よう。故に仏性の普遍常住説を軽々に非難し、闡提の仏性の有無について疑を抱いてはならぬ。」

修養の進程

「迦葉よ、恒河に低弥《ていみ》と云う大魚がいる。この魚は体が重いので多く沈んでいるが、光明を見て浮かんで食を求むることがある。生類にもこの魚の如く出没がある。即ち『大涅槃経』を聞いて信仰を起して戒、施、三昧を修するを出と云い、現実の歓楽に耽り妄執を重ぬるを没と云う。しかしなお低弥の身重くまた没して住し得ないように信ずるもこれを完うせない、即ち大涅槃の常楽我浄を信ずるも仏身はなお無常、無我、無楽、無浄と見るが如き思想として認むるも実行上体認せざるもの（信不具）、また世間的道徳を守って真理を背景とする仏教道徳を完うせないもの（戒不具）、信と戒とを完成しないために、聞く処の教説をことごとく信行することが出来ないもの（聞不具）、従ってまた布施は差別的相対的たるを免れぬもの（施不具）、上の四事を完うせないために真実智を得て仏陀の常、無常を分別することが出来ぬもの（智不具）、この信、戒、聞、施、智の五事を完うせない者に、自暴自棄して悪に堕するものと、自己の不完全を自覚して学行に励むものとがある。後の人は次第に修養し向上して学道の進趣を見て再び没することはない。これを『住』と云う。

未だ万有の真実相を究め得ない所謂智不具の者は、真実智を求むるために善友に親しむ。その時善友はその人の貪欲、瞋恚、愚痴、心想とを観察してその強きに従って貪欲には不浄観を教え、瞋恚には慈悲を説き、多想には数息観を勧め、無我を知らざる愚痴の人には万有を分析することであろう。これを聞いて肝腑に留め、教えのままに修行すれば、肉体、感覚、心想、万有の不浄、苦、無常、無我なることを諦観し、次で十二因縁観を成就して、客観世界を否定することが出来る。これを『煖位《なんい》』と云う。煖は信を煖と思っているかも知れぬが、信は煖ではない。信によって煖は得らるるものであるから。煖位は四諦を観察するので、十六行と名づけらるるように、実行的智慧である。この智慧は八聖道の火相であるからこの名がある。たとえば摩擦して火を出すのに先に気煖があって火を生じ、次に煙を出すように、清浄無漏の学道においてもそうで、煖とは十六行、火とは須陀洹果、煖とは実行上の迷妄を断つことである。この煗心なるものは差別的相対的のものであるが、人の馬に乗るに、愛しまた鞭うつように、愛の故に生を受け、厭の故に観行を進めて、無漏の正道のために火相となるものである。

この煗位の学行を完うすれば頂位（この位が向上と退堕の中間にあって、山頂のそれに似ているから喩えて名とする）に至る。この境地においては煗位におけると同じく四諦を観じ十六行を修するも善根を断ち、五逆罪を作り四重禁を犯すことはない。頂位より進んで忍位（四諦の理を信認決定するからこの名がある）に至る。なお身心組織の五要素に縛られて四諦を観察する。かくして次に世第一法位（この位においてなす行為は差別世界においてなす最上のものであるから世第一法位と云う）に至る。五要素に縛られ、ただ忍位の苦諦の下の一真理を観察して直に須陀洹果を得る。須は無漏と名づけ、陀洹は修習と名づける。即ち無漏を修習するから須陀洹と云うのである。また須とは流と名づくることもある。この時は流れに順流と逆流との二ある中、この境地にては流れに逆らうから須陀洹という。」

「世尊、須陀洹がそのような意味だとすれば、何故に斯陀含《しだごん》の人、阿那含《あなごん》の人、阿羅漢の人を須陀洹と名づけないのですか。」

「須陀洹から仏陀に至るまでの人を総て須陀洹とすることが出来る。もしこれ等の人に須陀洹の意義即ち無漏の修習、流転逆行がなければ斯陀含ないし仏陀と名づけられないではないか。生類に未だ道に入らない時の名があっても、道を得れば新しく名を立てて須陀洹と云う。先に得るを以て須陀洹と名づけ、後に得るから斯陀含と名づける。斯陀含より仏陀までの総てにこの二名がある訳である。逆流に解脱と涅槃とがあるが、一切の聖者に皆この二つがあるから、須陀洹と名づけまた斯陀含と名づけることが出来る。仏もその通りである。聖者が迷妄を断尽する智慧と平等真実の智慧とを求むるように、須陀洹の人もこの二智を求むるから、聖者と名づけることが出来る。また須陀洹の人は智的迷妄の何たるかを覚って煩悩を断ずるから、また正しく因果を覚るから、また正しく一般的修養と特殊的修養とを覚るから、覚者と名づけることも出来る。斯陀含、阿羅漢もその通りである。この須陀洹には七度も下位に退堕する劣った者と、直ちに阿羅漢果を獲得する者との二つがある。須陀洹は智的迷妄を破するも、斯陀含は更に進んで実行上の煩悩即ち修惑を断ずるために修養の足を運ぶ位である。かくして智徳並び進んで一切の物欲を離るれば、再び生死に没し物欲の世界に退下することがない、これを阿那含と云う。

この阿那含に中涅槃、受身涅槃、行涅槃、無行涅槃、上流涅槃の五種がある。

中涅槃とは、阿那含には涅槃とせらるるものと、せられないものとがあるから、また阿那含の人は身を受けて、後に三界の煩悩を断ずるから受身涅槃と名づけ、また常に正道を修行して有為三昧力によって、煩悩を断じて涅槃に入るから行涅槃と云う。無行涅槃とは、この人は必ず涅槃を得ることを知って懈怠するが、有為三昧力によって寿命尽きて涅槃に入るから。上流涅槃とは意識世界における修養において学道の力によって上流し、また三昧を楽《ねが》うものは観念世界に、智慧を求むるものは五浄居天に入るからこの名がある。

迦葉よ、阿羅漢、縁覚、聖者、仏陀は河を渡って彼岸に到るに喩えらるる。あたかも恒河の神亀が水陸ともに行くが如きである。水陸とは水は世間を喩え、陸は出世間を喩える。即ち生類はあらゆる悪煩悩を観察するによって、彼岸に到ることが出来る。また恒河の中の七種の生類には、亀魚の名があっても皆水を離れないように、大涅槃の中にも一闡提より上、諸仏に至るまで、それぞれ別名があって、しかも仏性の水を離るるものはない。

阿羅漢の人は八正道を修めて身、口、意の邪悪を離れ、そして楽寂静の沙門果を得る。故にこれを彼岸に到ると云うことが出来る。この阿羅漢果とは即ち一切を学修し尽した（無学）五分法身である。五分法身とは戒、定、慧、解脱、解脱知見を云う。始めの三は三学の成就身で、解脱は三昧を完全にした心解脱の状態、解脱知見は仏智の成就せる所謂慧解脱の状態を云うのである。この五分に因って彼岸に到ることが出来る。故に予は自ら説いて『我が生はすでに尽き、純浄の行は完うせられ、なすべき総ては成就して、更に流転の身を受くることはない』と。阿羅漢は永却にあらゆる迷妄を生ずる因縁を断ち、迷妄の積集身を断つが故に『我が生はすでに尽く』と云い、修する所の純浄の行を完成して修すべき学道がないから『純浄の行を完うする』と云い、あらゆる希望欲求は成就されて果を得るが故に『なすべき総ては成就する』と云い、迷妄を断尽する智と平等真実の智とを得るが故に『更に流転の身を受けない』と云ったのである。これによって『彼岸に到る』の意味が知られよう。縁覚も、またこの通りである。聖者および仏陀は六波羅蜜を完全に成就すれば『彼岸に到る』と云われる。仏陀や聖者が無上の学道を成就し得れば、それが六波羅密を完成したのである。

迦葉よ、第一義的に云えば仏性は二、三、四、五ないし百千万の智徳行目を挙げてもそれに尽さるべきものでない。未だ無上の学道を成就しない時における善性、悪性、中性のあらゆるものをことごとく仏性と名づけることが出来る。故に仏は因中に果を説き、果中に因を説いて理論上何等悖るところはない。これが仏陀自覚のありのままを述べる随自意の教えである。」

「世尊の云わるる三有漏即ち欲漏、有漏、無明漏とはどんなものですか。」

「迦葉よ、欲漏とは主観の邪しまな直観推理が客観と合して起る物欲を云い、有漏とは意識観念の悪作用およびその対象所謂内観を云い、無明漏とは内外を別かたず自我および、その所属を知るの明なきを云う。無明は一切の迷妄の根本である。何となれば一切生類は、無明を因縁として内外一切の現象差別を生ずるものに名づけたのであるから。故に予は一切の経典に『無明とは貪の因、瞋の因、痴の因』と説いてある。」

「世尊はかつてその経典の中に『悪の思惟によって貪欲、瞋恚、愚痴を生ずる』と説かれたのに、今は三毒の因縁を無明とせらるるのは何故ですか。」

「迦葉よ、悪の思惟と無明とは、互いに因となり果となって資助し合うものである。即ち悪の思惟は無明を生じ、無明の因縁は悪の思惟を生ずる。よくもろもろの煩悩を助長するものは皆ことごとく煩悩の因縁と名づけ、この煩悩の因縁に親近するものを名づけて無明悪思惟とする。子《み》の芽を生ずるに子《み》は近因で四大が遠因であるように、煩悩の近因は悪思惟で、遠因は無明である。」

「世尊は無漏の果の存在を認むる一面に、『智者はもろもろの果報を断ずる』と云われましたが、無漏の果はその断の中に含まれないのですか。学道成就の人には確かに無漏の果がある。しかし智者が無漏の果を求むるとすれば、何故に世尊は一切の智者は果報を断ぜねばならぬと説かれますか。もし断ずるとすれば現に聖者のあるのは何故ですか。」

「迦葉よ、仏陀は時に因の中に果を説き、果の中に因を説くことがある。世間の人が泥を直に瓶と云い、縷《いと》を直に衣と云うが如くである。これは因の中に果を説くのであるが、果の中に因を説くとは牛を直に水草と云い、人を直に食と云うが如きである。迷に在る一切の聖者には事実、未だ無漏の果報はない、しかしその無漏の修養の結果は、決して漏を生ずることなく、無漏の果を生ずる。この無漏の果は即ち仏果である。真実の求道者がかく観察する時、永遠に煩悩の果報を断ずることが出来る。この観察をおわって、煩悩の果報を断ぜんがために、正道を修めてその体現に精進するのである。正道とは万有の実体を空なりと観じ（空）、差別相否定し（無相）、迷の事象に望みをかけない（無願）ことである。この空、無相、無願の観察を完成すれば、よく一切の煩悩の果報を滅することが出来る。」

生類の修善について

迦葉は渾身煩悩である生類が正善の行をなし得る所以について釈尊に尋ねるよう、

「世尊、一切の生類はそのなす所、皆煩悩に従《よ》らないものはありませぬ。故に紝婆《にんば》（樹の名）果の実が苦いために、茎も葉も華も果も皆苦いように、生類は因果共に悪の煩悩であって、煩悩の因果は生類で、生類は煩悩の因果と云わねばならぬ。かく煩悩の集団を生類と云って、あたかも煩悩の異名の如き観がある生類の身中に、どうして善妙の薬王である純浄の行があると云われますか。」

「迦葉よ、よい疑問を提出してくれた。それは一切の生類のひとしく抱く疑問である。予はこれからその所以を説明して疑を解こう、諦らかに聴くがよい。

世に種子から果実を生ずるに、その果実が種子のために、因となり得るものと、得ないものとがある。その因となり得ないものは果実と名づくるも、種子と名づくることが出来ないように、生類にも煩悩の果で、煩悩の因となり得ないものがある。これが即ち清浄の梵行である。

迦葉よ、一切煩悩の近因は『受』即ち感覚知覚である。この感覚知覚は我が精神活動の根本状態として起すもので、一切の愛執迷妄はここに発せらるるものであるから、総ての愛執を除かんがためには先ず『受』を観察せねばならぬ。生類の善悪一切の行為は皆この『受』に起因するものであるから、予はかつて阿難に『阿難よ、一切生類の行為は善悪を問わず皆「受」の時』と説いた。この受の観察をおわれば更に『その生じ来たった因縁を求め、次にその因縁が何れから生じたかを索ね、もし原因がなくて生じたとすれば、何故に無因が無受を生じないだろうか』と、更に観察を進めて、『「受」は自在天、微塵、時間等が生ずるのでもなく、自他生、無因生でもない全く縁の合するに従って生ずるので、その因縁とは即ち愛である。この「愛」の因縁和合する所に「受」が生ずるのであるから、この和合を断ずれば「受」も起らない、故にいまこの和合を断とう』と。この因の観察をおわってから果について『生類は総て「受」に因ってあらゆる迷界の苦悩を受け、ために常楽を知らず、遂に善根を断つのである。故に善根を断つも受、また解脱を得るも受である』と。かく愛因、受因を深観する時、我および我の所属とする妄見を破することが出来る。

迦葉よ、かく観察を遂げたならば、実際に愛と受との何れに滅するかを実修して、幾分でもその境を見たならば、絶対にこれを滅尽するところのあることが知らるる。そして解脱を信ずると共に、その解脱の境地を得るは八正道にあるを知って、それを精進学行せねばならぬ。『この染れたる肉体に対する愛着を捨てねば、生死流転の止む時はない。たとい清浄無漏の白道を求むるも、受の因を断たねば清浄無漏の結果は得られぬ。故に先ず受の因たる主観と客観の接触たる「触」を断とう。「触」を断てば受は自然に滅し、受が滅すれば愛もまた従って滅する』と、思念し実修するのが八正道である。この八正道を修するのは、毒身の中に微妙の薬王たる清浄行があるのではないか。生類は煩悩によって果報を得たが、その果報は更に煩悩を起す因とはならぬ。これが清浄梵行である。

次にその知覚と渇愛とが何に因って生ずるかを観じて表象（想）に因るを知らねばならぬ。生類が客観を見ても貪を生ずるのでなく、感覚知覚のみでは貪を起さぬ。客観に就いて、種々の表象をなして客観を常、楽、我、浄と見、感覚を不易とするが如き顛倒想によって貪、瞋、痴を起すのである。故に生類は正道を得ない間は、非常を常と想い非楽を楽と想うなど、その真実相を透見し能わぬ。この顛倒観は総て主観の妄想に因る。故にこの表象を滅すれば知覚の錯誤は自ら滅して、そこにあらゆる煩悩を離れ得ると観察せねばならぬ。表象の何ものなるかを観じたならば、次にその表象を起す因を知らねばならぬ。その因は触で、それに無明に因って生ずる煩悩触と、明に因って生ずる解脱触とがある。煩悩触が顛倒想の因となる。表象の因を観察して次にその果を観ぜねばならぬ。汝は聖者が牛を見て、牛の表象をなし、馬を見て馬の表象をなすのを倒想と思うかも知れないが、それは世間想に倣ったのみで倒想とは云われぬ。凡夫は悪の思惟のために、その表象の上に執着を起すから、倒想として厭うのである。悪の表象作用は迷妄の果を招くも、その果は悪の思惟を断てば無明との接触を断って、悪の想を生ずることはない。果報を招く表象を断尽すれば来るべき果報のないことは疑う余地がない。この表象の因を断つために八正道を修する、これが清浄梵行である。

次に欲即ち欲を起させる外界の現象——色、声、香、味、触を観察する。この感覚の対象である五境そのものは欲ではないが、真理に痴《くら》いものはこれを貪求して、外境に顛倒想を生じ、その顛倒想が総ての行為を悪とするのである。故にその対象の真実相を知れば自ら欲望は除かれる。この因を観じて次に因の招く果の如何を観察して悪の表象を滅すれば、欲心は生ぜず、悪の知覚も起らず、従って招くべき結果はない。故に要は悪の表象を滅すればよいので、この悪の表象を滅すれば一切の迷妄は除かるるから、そのために八正道を修する。これが清浄の梵行で、汚れた生類の身にも清浄の大薬王のあり得る理由《わけ》である。

かく欲を観察して次に業を観察せよ。愛、想、触、欲は煩悩で、これ等は煩悩を相続せしめ得るも、受業となることが出来ぬ。迷妄を相続させ、その果を感受せしむるものは業である。故に業を観察して、業の因は主観の迷妄で、この迷妄が愛の力をかりて身口意の業を造ることを知り、次に業の招く結果について観察して善業は善果（白々果）を、悪業は悪果（黒々果）を、雑業は雑果（雑々果）を、無漏業は無漏果（不白不黒不白不黒果）を招くことを知らねばならぬ。そして、この果報を断ずるには業の因縁たる無明、悪思惟を断つために八正道を修めねばならぬ。煩悩の堆積に成る此身が八正道を修するのが毒身中の大薬王、清浄行である。

かく現在の自己を観察すれば、次に無始以来、生死流転の苦相を観察せねばならぬ。即ち十二因縁を観察してその深義を体認することである。この十二因縁観を知識の問題とせず実解実行する時流転の苦は脱れられる。十二因縁観の実解実行それは八正道である。清浄梵行である。」

涅槃経の体現

「世尊は度々『清浄梵行』なる語を繰り返されましたが、清浄の梵行とはどんなものを云うのですか。」

「迦葉よ、それは予の一切の教説である。」

「世尊は四念処観、十二因縁、四諦、善友、正見、邪見など種々様々の法を説かれましたのに、唯一切のみ教えと云うのでは、余りに茫漠として捉え処がありませぬ。」

「迦葉よ、一切のみ教えとはこの『大涅槃経』のことである。実にこの経典は一切法の宝蔵、一切真理の秘蔵、仏教道徳の根本である。煩悩の繋縛を截る利斧であり、苦海を渡るの船師であり、無明の長夜を照らす光明である。また一闡提には杖となり、悪人には橋梁となり、無慚愧者には衣服となる。またあらゆる悪魔を摧く偉丈夫、煩悩の薪を焚く智慧火、縁覚を出す因縁蔵、声聞者を生ずる聞蔵、天人の眼、人類の正道、畜生の依処、餓鬼の解脱処、地獄の最上の救主である。かくの如くこの経は一切生類の無上の安住所、十方三世の諸仏の父母である。故にこの経典は一切の教説を摂して余すところがない。

迦葉よ、『大涅槃経』はかく一切の教説を摂むるも、予は梵行として三十七の修養項目を挙げた。これ三十七の徳目を離れては、声聞の正果ないし仏性を見、無上の仏果を体得することは出来ぬからである。かく梵行は開けば一切の教説、大涅槃経であるが、要約すれば三十七の徳目である。この三十七の徳目の根本は欲である。善欲は初発心より無上の仏果を得るまでの根本であるから。」

「世尊はかつて余経において三十七徳は仏を根本とすると説かれましたが、それはどう云うことですか。」

「先には結果から云ったから仏が根本であるが、自ら証得するには欲を根本とする。明即ち慧或いは信が解脱涅槃の因となる次第を説けば、信は善友に近づいて正法を聞き、その身口意を浄化して清浄の処を楽《ねが》い、ために善思惟を起す。善思惟は真理に相応して三十七の正道を修めしむる。この修道が煩悩を破して学道を増進せしむるもので煩悩を破するには専念でなくてはならぬ。念を専らにして禅定に入れば三十七道もて万有の真相を透見することが出来る。この真相の徹見には智慧を第一とする。智慧によって煩悩の真相を知れば同時に煩悩は消滅する。三十七の正道を学修する時、四種の禅定、神通、安楽を得るもそれは真実のものでない。煩悩を滅して解脱を証《さと》るとき真実となる。しかしなお相対的見解を持つ間は究竟とは云われない。三十七の徳目に対する想念をことごとく捨つる時が真実究竟の大涅槃である。」

「世尊、かくの如き究竟絶対の大涅槃はどうして得られますか。」

「迦葉よ、次の十想を修すれば涅槃を得ることが出来る。

一に無常想、これは万有の無常を想念するので、それに麁《そ》、細の二がある。その麁が更に内外の二面から観察せらるる。内とは幼児より少年、青年、老年と次第に変化して一時も住《とどま》ることなく、また生類各々が肥瘠、好醜種々差別して同一でない。外界の事物もまた常に遷流変化すると想うこと。細を観ずるとは内外の微塵について念々に生滅変化することを観ずるのである。内外麁細等の各方面より観察して一念の中に一切万有の生滅無常を見るのが聖者の無常想である。

二に苦想、万有が無常なるによって内外の苦あることを観ずるのである。静かに我身を観ずるに一つとして苦ならざるはない、従ってこれによって見らるる総ての事象も皆苦なりと観ずるのである。

三無我想、一切の万有はことごとく無常にして、一つとして苦でないものはない。無常、苦なるものに我なる主体のあるべきはずがないと、一切の万有に常一主宰の我を認めないのである。

四に厭離食想、食物が身口意の悪業の因をなすことを観じて、これを厭離するのである。飲食によって身体の健康を得るが、『自分が出家受戒して道を修するのは、この染《けがれ》の身を捨てんがためである。然るに身体栄養の食物を厭わねば、どうしてこの体を捨てて大理想が実現せられよう』と食物に対する愛着を捨て、更に飲食する食物についてのみでなく、総て身体を養う触覚（触食）思惟（識食）活動（思業）等に対しても貪愛の心を生じないのである。

五に不可楽想、上の四想によって世界に一物として、楽しむべきもののないことを想わねばならぬ。世界の何処にか生老病死の四苦のない処があろうか。暗黒を厭い光明を欣うは人間の至情。この世を楽しむものは闇を増し、世間を厭うものは光明に照らさるる。故に厭うべき暗黒のこの世を捨てて、理想に輝く光明の大涅槃を願わねばならぬ。

六に死想、人の寿命を観察するに常に無量の怨讐に繞われて、念々に損滅して増長することはない。人の寿命は河水の寸時も停らず、朝露の幾程もなく消えゆく如く、囚人の市に赴き歩々死に近づき、牛羊の牽かれて屠所に詣《いた》るが如きものである。更に静かにその身を観じて、一生涯の終末を待たず念々に死し、死の相続が己れの一生なることを想うて、死を怖るると共に念々に学道に精進し、厳粛な道徳生活の中に生類を教化救済せんと念願する、これが死想である。

この六想を完全に実修するものを沙門と名づけ、婆羅門と名づけ、解脱と名づけ、智者と名づけ、正見と名づける。また到彼岸、大医王、大商主と名づけ、よく仏陀の秘密を理解する者と名づける。更にこの六想によって感覚、意識、観念の三界の過罪を呵する過罪想、三界を遠離する離想、三界を滅除する滅想、三界を愛着せざる無愛想を成就することが出来る。この十想を完うすれば求道者の学道は成就せられ、涅槃は現われる。」

第二十　外教徒の入団〈憍陳如品〉

外教徒の謀議

時に釈尊は憍陳如《きょうじんにょ》に告げらるるよう、

「客観世界は無常である。この無常なる客観を滅する時、常住の客観が得らるる。感情（受）、表象（想）、意志（行）、悟性（識）もまた無常である。この主観を滅する時に客観は自由安楽となる。感情、表象、意志、悟性もまた同様である。客観は実在でない、この非実在の客観を滅する時は自由実在の客観が現われる。客観は無我であり、不浄である。この無我、不浄の客観を滅する時に真我、清浄の客観が現われる。客観世界は皆生老病死の相である。この生滅の相を否定する時に客観は常住平等となる。主観作用においても同様である。

憍陳如よ、仏教を離れては出家も、波羅門も、それ等の教法と云うものも存立することは出来ぬ。」

その時に無数の外教徒はこの釈尊の説を聞いて大に瞋って「瞿曇（釈尊）は仏教を離れて出家、波羅門、およびその教理はないと云ったが、どうして我が教およびその修行者の存立を証明すればよかろうか」と衆に謀るのであった。時に波羅門生活の第二位にある一人が「瞿曇の所説など意に介するに足らぬ。彼の説く所にはほとんど一貫せる思想と云うものがなく、ほとんど矛盾で終始している。かかる狂人の言に頭を悩ます必要はない」と云えば、多くの他の波羅門は「意に介せない訳にゆかぬ。瞿曇が初め『無我の教』を説いた時には、我が弟子は恐れはしたが受学しなかった。しかしいま娑羅林で、常楽我浄の真理を説くに及んで、もろもろの弟子は我等を捨てて仏教に走りつつある。これを愁かずに居られよう《ママ》」と。また一の波羅門は「瞿曇は自ら慈悲の主と揚言していながら、彼は慈悲の本義とする他意に順わずに我等の意志に反して弟子を奪っている。また彼は他心智を得たと揚言するも、我等の心を知らないではないか。彼の言う所はかくの如く皆虚妄である。彼は百年に一人ずつ出る妖魔に違いない。妖魔が、どうして常住なることを得よう。早晩自滅すべきものであるから、毫も愁えるに足らぬ」と。また或る苦行の仙人はその呪術で釈尊の威徳を失墜せしむると云い、或るものはその威徳を怖れ、或るものはその福徳の薄きを罵ったが、遂に衆議は一決した。「瞿曇が如何に神通智徳を具えようとも、彼は身体が柔弱で苦行には堪えられず、宮中深く育って世事には疎い。かつ言葉はみやびやかであるが、論議を戦わすことは出来まい。そこで互いにその主張を論議して、彼が勝てば我等が彼に給仕し、我等が勝てば彼を門弟《ママ》しよう」と。かくて無数の外教徒は衆合して摩訶陀の国主、阿闍世王のみ所に往って釈尊との論議をゆるされんことを請うた。王は一往はその無謀を誡めたが、強いての願い故、それを許して「予の言を信ぜず飽くまで論議せんとするならば、仏陀はいま正覚して娑羅林の中にいらるるから、汝等は往って論議するがよい。仏陀は必ず諄々と説明して汝等を帰伏させることであろう」と。大王は衆と共に仏のみ所に往って、恭しく礼拝してその旨を告げた。

涅槃の否定者

時に波羅門衆の中の闍提首那が第一に問いを発して「瞿曇、汝は涅槃を常住と説くのであるか。」

「その通りだ。」

「原因が無常なれば、その結果は当然無常でなくてはならぬ。汝は無明煩悩を滅するのが涅槃と云うが、その因は無常ではないか。因によって生ずる涅槃を何故に常住とするか。もし解脱がこの身にあれば当然無常であるし、もしこの身になければ虚空であろう。常一遍在の虚空なれば因縁生とは云えぬ。また因より生ずるものは苦である。然るに因より生ずる涅槃を何故に常、楽、我、浄と説かるるや。」

「波羅門よ、汝が立つる本体は常なりや無常なりや、また一切現象の因なりや。」

「我が性は常住で、現象の因である。即ち本体より大を生じ、大より慢を生じ、慢より十六法を生ずる。」

「その大等の法は、常無常何れであるか。」

「我が法性は常住で、大等の現象は無常である。」

「波羅門よ、汝の教において因は常にして果の無常を許す如く、我が教において因を無常として果を常住とするに過はない。無常より涅槃を獲得するも、涅槃は無常でない。それは涅槃は了因より得るから常楽我浄で、生因より得れば無常、無楽、無我、無浄である。」

更に四諦の理を説明せられたが、波羅門は説の如く理解して、

「世尊、私は世尊の説法を聞いて正見を得ました。仏法僧に帰依したいと思いますから出家を許して下さい。」

かくて憍陳如は釈尊の命を受けて髪を剃った。その手を下す時に二種の落があった。一は鬚髪、二は煩悩である。波羅門は立ち所に阿羅漢果を得た。

次に梵士婆私吒《ばしした》は釈尊の説を難じて、

「汝は煩悩のないのを涅槃としてその常住を説くが、元来、もののないと云うことには未だ生じないものと、すでに滅したものと、異類の互いにないのと、絶対にないのとの四種があるが、煩悩を除き尽した処を涅槃とすれば無ではないか。無なればどうして常楽我浄と云えよう。」

「梵士よ、予の説く涅槃は未出無でも滅無でも絶対無でもなく、異類無で、煩悩の中に涅槃なく涅槃の中に煩悩がないのである。貪瞋痴の三病に対する三薬は不浄観と慈心観と因縁智観とであるが、三病の

中に三薬がなければ無常、無我、無楽無浄で、三薬の中に三病がなければこれを常楽我浄と云うのである。」

「世尊、私は客観の無常にして解脱の常住なることを認知することが出来ました。」

そこで、釈尊は憍陳如に命じて婆私吒に、三衣と鉄鉢とを与えしめた。婆私吒はこれを受け、更に憍陳如に寄りて懺悔の意を表した。

時に梵士先尼《せんに》は釈尊を難じて、

「瞿曇、我は有りや」と。釈尊が黙しているので、更に尋ねた。

「一切の生類には我がある。その我は一切処に遍く、唯一の主体で、万有を作るものではないか。」

「先尼よ、汝が主張する我は一切処に遍満すると云うが、それでは五道一時に報いを受けることになって、汝等の止悪修善の意義がなくなるではないか。或いは作身我のために離悪法を修すると云わば、作身我は無常であり、また作身にないとすれば一切処に遍満するとは云われぬ。また一切の生類を同一の我とする汝の説は秩序、実相を乱して世間、出世間の法に違っている。もし一人一我と云わば多我となって遍在の義に反する。もし遍在でなければ無常である。」

「瞿曇、自我は一切に遍在するが法と非法とは一切に遍在するものでない。」

「法と非法とは業の所作であろう。果して然らば同一法で、異なるものとはせられぬ。汝は『我』を以て造物者とするがこれも誤っている。『我』が造物者であるならば何故に自ら苦悩事を作ったか。これ

『我』が造物者でない証左である。総ての苦楽は皆因縁によるもので、ある造物者によって造らるべきものでない。」

「瞿曇、無我なれば記憶するものは誰か。」

「有我とすれば何故に忘るるか。念が『我』であれば意の如くなるべきに、これに反するは何故か。」

「無我とすれば見聞するのは誰か。」

「内に感覚機関の六根があり、外に客観の六境があって、内外和合するによって認識作用の六識を起す、この六識が見聞覚知の作用をなすのであるが、六根、六境を離れて別の実在があるのではない。」

「瞿曇の説の如く自我およびその所属を否定すれば何によって常楽我浄を説くや。」

「善男子よ、予はかつて六官六識の常楽我浄を説いたことはない。我即ち六官六境の生ずる六識を滅する当体が常で、常の故に我、常、我あるが故に楽、従って浄と名づけるのである。生類が苦因を断滅して苦悩を離れ、自由となるのを我と名づける。この故に予は常、楽、我、浄を主張する。」

「世尊、願わくは大慈を垂れて常、楽、我、浄を獲得する方法を説いて下さい。」

「先尼よ、常楽我浄は煩悩の滅尽した当体を云うのであるから、煩悩の滅尽に努むるが第一で、それには先ず慢心を離るるがよい。」

「世尊、私は垂示の如く慢心が強かったのです。これを捨てて専心に法を求むれば必ず常楽我浄を得られましょう。

世尊、私は教説を理解して、法性平等の上に差別を見る法眼を得ました」と、かくて出家学道を楽《ねが》い、ゆるされて直ちに清浄行を完うして阿羅漢果を得た。

次に波羅門衆の中の梵士迦葉氏が尋ねるには、

「瞿曇、身は命であるか、または身命別々のものであるか」と。黙して答えなかったが、再び尋ねられて、

「善男子よ、身命は因縁によるものである。身を捨てて次の身を得ざる中間の寿命は無明と愛欲とを因縁として存在することが出来る。因縁があるから命即ち身、身即ち命で、また因縁あるによって身命は別々である。故に一概に身命を別々と云うことは出来ぬ。」

「世尊、願わくは明瞭に因果を知ることの出来るように説明して下さい。」

「梵志よ、因も身心であれば果もまた身心である。人が火を燃さなければ煙がないと同様である。」

「世尊、私は理解することが出来ました。火はあらゆる迷妄の世界を焼く煩悩で、煙は煩悩の果報であると。人が煩悩を作らなければその果報はあり得ない。世尊、私はかく真実相を正しく見ることが出来ました。どうぞ出家をゆるして下さい。」

そこで釈尊は出家をゆるし、憍陳如に命じてあらゆる仏教道徳の徳目を授けさせた。五日を経て阿羅漢果を得た。

次に波羅門衆中の富那《ふな》は万有に対する六十二の見解を挙げて、釈尊の所見を尋ねた。時に釈尊は、

「富那、凡人は多く自己の見解に執われて、生死を遠離することが出来ない。そこに、迷の六世界を輪廻する無量の苦がある。故に自己の所見を固執することもなく、また人のためにも説かないのである。」

「瞿曇、汝は概念の過を見て自ら固執もせず他にも説かないと云うが、現にかく説いているのは如何なる概念に基いているか。」

「善男子よ、概念、固執などは迷妄の名である、仏陀は一切の迷妄を離るるが故に自由に理解し、自在に説くも執着する処がない。」

「その執着を離れた万有に対する体験を説いて下さい。」

「予は四諦の真理を体認してこれを説いている。この真理を体認するによって一切の迷妄を捨て、常住身を得て一切の差別を離れることが出来る。あたかも火が縁の離合によって燃え、或いは消えるように、愛欲のために二十五の存在を燃し、東西南北差別するも、愛欲を滅すれば二十五有の果報はおこらず、従って東西南北を説く必要はない。」

富那は釈尊の所説によって阿羅漢果を得た。

修道に対する謬見

次に梵志の浄と云うものが尋ねるよう、

「一切の生類は如何なる法を知らないために、万有の実相を見ることが出来ないのですか。」

「生類の要素である五陰の何たるかを知らないために、宇宙の実相を見ることが出来ぬ。宇宙の真実と虚妄とを知るには故を捨て、新しきを造らなければ常と無常とが解る。」

「世尊、私は故とは愛欲で、新とは意志、行為で、この二を遠離すれば真実に常、無常を理解することが出来て、始めて法性平等の上に差別を見る法眼を体得しました。願わくは出家をゆるして下さい。」

憍陳如は釈尊の意を受けて入団の儀式を行った。梵志の浄は十五日の後、阿羅漢果を得た。

次に梵志犢子《とくし》は、

「瞿曇、予と汝とは久しき友である。真理は二つあるべきでない。世に善、不善ありや、もしあればその何たるかを説明せられよ。」

「犢子よ、欲、瞋、痴、殺、は不善で、貪瞋痴を解脱するを善、不殺を善とする。善、不善を明確に甄別し得るものは、総ての煩悩を断ち、一切の差別的存在を滅尽する。」

更に釈尊は仏教教団の中に無数の煩悩を離れ、差別の世界を超越した僧尼教徒のあることを説き、出家を願うものがあれば一往、その入団は四月と定めてあるが、必要に応じてこれを行う実例を諭した。

犢子は釈尊に請うて憍陳如の司会の下に入団の儀式を行ったが、更に進んで真実の平等智を得る方法を尋ねた。時に釈尊は奢摩他《しゃまた》、毘婆舎那《びばしゃな》（二四九頁を見よ）の二法を学修することを教えられた。

次に梵士納衣《のうえ》は因縁の義を難じて、

「瞿曇よ、汝は煩悩に因ってこの身を得ると云うが、然らば何れが先にあると云うのか。煩悩が先とすれば誰れが作り、何れの処に在るか。もし身が先とすれば煩悩によってこの身があるとは云えない。かく先後、同時何れにするも不可とすれば汝の説は真理と云えない。因縁の義にはかかる不合理の点があるから、予は『一切万有には自性があって因縁に従《よ》らず』と主張している。水の湿、地の堅、風の動、火の熱、虚空の無礙は皆その自性である。自性が定まっているからその作用も皆定まっている。また汝は三毒は客観（五境）の縁によって起ると云うも、赤子が外境の好醜を分別し能わざるも三毒を生じ、諸仙、賢聖の士が閑寂の地にあって五境を離るるも貪、瞋、痴に悩まされているのは、明らかにそれ等が因縁生でなく自性とし具わることを語っているではないか。」

「善男子、宇宙の万有の生滅変化していることは汝も否定すまい。然らばその自性たる五大も無常でなくてはならぬ。汝はおのおの定まった作用と処とを持つが故に自性ありと云うも、実はそうでなく、総て因縁によって名を得るので、額にあるを鬘《かつら》と云い頸にあるを瓔《くびかざり》と云う如く、また因縁あるによって同一の木が箭となり、矛となる。故に万有に自性ありと説くことは出来ない。汝は煩悩と身の先後について非難したが、汝は身が先にあると云うのか。先とすれば予が先とするを非難すると同じく不合理である。煩悩と身とは先後なく同時にある。同時だが煩悩に因って必ず身があるのである。煩悩を先とすれば無因なりと難ずるも、因縁がないから無と云わば、汝は『一切法に因縁あり』と云うことは出来ぬ。見ないから説かないと云っても、瓶等は因縁によって出づるを見るではないか。見ると見ざるとを問わず、万有は皆因縁に従って生ずるので自性はない。

汝は五境なくして貪瞋を起すではないかと云うが、外境の因縁に因らずして悪の直観推理によって貪瞋を生じ、善の直観推理によって解脱することが出来る。即ち内因縁が貪を生じ、また解脱するので、外縁は内縁を助長するものである。故に汝の難は難とならぬ。また赤子が外境を色別する能力のないのに啼き或いは笑うのは自性に因ると云うも、もし言うが如くば笑うものは常に笑い啼くものは常に啼かねばならぬ。然るに或る時は啼き或る時は笑うは自性でなく因縁によるからである。」

「世尊、万有が総て因縁生ならば、この体は如何なる因縁に従って生じますか。」

「納衣よ、この身の因縁は煩悩と業とである。」

「その業と煩悩とは断ずることが出来ますか。」

「勿論出来る。迷と悟との何たるかを知り、両者を結びつける中間の八正道を知れば煩悩業は滅尽される。」

「よく解りました。願わくは出家を許して下さい」と。直に納衣の入団は許されて、彼は三界の煩悩を断じて阿羅漢果を得た。

次に波羅門の弘広《ぐこう》は八正道のよく煩悩を滅尽するや否やを尋ねた。然るに釈尊は黙して答えられぬので、憍陳如が言うには、

「大波羅門、仏陀は有無二辺についての質問には答えられぬ。八聖道は中正の道であり、涅槃は常住

である。八聖道を修すれば必ず煩悩を滅尽するが、修習しないものは永久に得られぬ。仏陀は尽、不尽について答えられぬが、滅尽あるは確かである、すべからく八正道を修するがよい。」

波羅門は憍陳如の説明によって、自ら仏陀たらんとする広大な誓願を発した。時に釈尊はその発心が今日の事でなく、永却の往昔すでに求道心を起したが、いま生類のために仮に外教徒に身を変えていることを語ってその発心を讃えた。

最後の入団者

時に釈尊は憍陳如に尋ねらるるよう、

「憍陳如よ、阿難はいま何処にいるか。」

「世尊、阿難尊者はここを去る十二由旬の処にあって、あまたの悪魔に苦しめられています。その悪魔たちは皆、如来の像を現わして或いは『万有は因縁より生ず』と説き、或いは『然らず』と説き、或いは『一切の因縁は常住で、それに因って生ずるものは無常である』と言い、或いは『生類の組織要素である五陰は実である』と。或いは『虚仮』と云い、或いは十二因縁、四縁、四念処観を説き、或いは『空』の真理を説き、或いは種々の神通を現わして、仏陀の生涯を示すものもある。阿難尊者はこれ等の内外の事象を見て、これは一体誰の所作であろうか、或いは釈尊の作らるる所ではなかろうかと、種々に悶えているが何故か起居の自由を失って非常に苦しんでいられます。右の次第で阿難尊者はここに来ることが出来ないのです。」

時に文殊は釈尊にもうすよう、

「世尊、ここに集る大衆の中にはあまたの聖者がいて、何れも無限の向上心を発して、その志操は堅固に、明瞭に万有の実相を体認して、よく仏陀の教説を理解し現にこれを学行している。故に『大涅槃経』を体解して、よくこれを後代に伝うる任に堪えられます。然るにいま何故に阿難の所在を尋ねられるのですか。」

「文殊よ、予が成仏して三十年の後、王舎城に居た時、予に常随給仕して教説を伝持する仁を求めたことがある。時に憍陳如、舎利弗、目蓮を始め五百の羅漢がその仁たらんことを請うたが予は許さなかった。時に目蓮が予の胸中を察して大衆一同の名で阿難を推薦することにした。処が阿難は自分がその任でないことを述べて固辞した。しかし大衆の懇請と予の胸中とを察して（一）故衣を賜わっても受けないことと、（二）施主の特請に随侍しないことと（三）出入に時間の制限をしないこととの三事をゆるし給わば大衆の命に服しようと申し出た。遂にゆるされて予に給仕すること爾後二十年になるが、その間、何等の欠点なく次の八事を完うするによって多聞の誉が高い。八事とは一に二十年の間、特請を受けず、二に予の故衣を受けず、三に来るに時間を違えず、四になお煩悩あるも女人に対して愛欲を起さず、五に予の教説を記憶して一器の水を一器に瀉《ママ》すが如く伝えている。六に未だ他心智なきも予の住する三昧を知る。七に未だ願智を得ざるに生類の修道の結果を知っている。八に仏陀の深秘の教義に通暁していることである。

文殊よ、汝の言うが如くこの会衆の中に無数の聖者はいるが、皆大慈大悲を遂行すべき重任を持っているために、予の教説を宣伝するいとまがあるまい。然るに阿難は予が弟（?）で、しかも予に給仕すること二十年、そして予の教説はことごとく伝えて水を潟《ママ》して一器におくようなものである。故にいま阿難の所在を尋ねたのは、全く『涅槃経』を伝持せしめんがためである。予が入滅の後、阿難の聞かない所は聖者弘広が伝えよう。阿難の聞く所は阿難自ら流伝することであろう。

文殊よ、いま阿難はここを去る十二由旬の処で六万四千億の悪魔に苦しめられている。汝は彼に往って大声叱陀して悪魔を払ってくれ。そして悪魔たちに次に説く呪文を読誦し書写せば七十七億の穢身を超越することが出来ると教えてやれ」とて一の呪文を説かれた。

文殊は命を奉じて魔にその呪を説くに、魔王はそれによって無上菩提の心を発し魔力を捨てて阿難を放ってやった。かくて阿難は文殊と共に仏のみ所に急いだ。

時に釈尊は阿難に告げらるるよう、

「阿難よ、娑羅林の外に一の梵志がいる。それは須跋陀羅と云い、年は百二十で、五神通を得ているが憍慢心が強く、観念の滅尽を以て涅槃と思っている。汝は彼を訪れて予の入滅を語って、『希望があれば述べよ、時を過して悔を千歳に残すな』と告げよ」と。すなわち阿難は彼を促して仏所に来たらしめ

た。須跋陀羅は業行について訊ねるよう、

「世尊、もろもろの沙門、波羅門はこう云っている『一切生類の苦楽の果報は、皆、往昔《むかし》の業の因縁による。故に持戒精進して身心に苦を受くれば本の業を破壊して衆苦を滅することが出来る。一切の苦を滅すればそれが涅槃である』と。それは如何なる意味であるか。」

「須跋陀羅よ、かくの如き説をなすものがあれば予は彼の蒙を啓くために訪ねて諭すであろう。『汝は現在の苦楽は皆過去の業によると云うが、汝は果して過去の業を見たか、その業を現在の苦行で、能く破することが出来るのか、またその業を滅すれば一切は果して滅尽するか』と。彼は答えて『実は知らないが、単に予の過去の業のみを責むることはないではないか。汝もまたこれを説いているではないか。また現在の高貴富豪を見れば、その人の過去の大施の程が知らるるではないか』と。予はそれを諭して、それは推知であって、真知でない。勿論我が仏教にも果によって因を知り、因によって果を知るが、我が仏教には過去に業を認めるように現在にも認めるが、汝は唯過去の業を認めて現在の業を説かぬ。汝は業が尽くれば苦が尽くると云うも、我が仏教にては煩悩が滅尽されねば業苦は尽きない。過去の業と現在の因縁とによって現在の生活があるから、予は煩悩によって業を生じ業に因って報を受くと云う。過去の業と現在の因とあることは生類が過去の寿業があっても必ず現在の飲食の因縁に頼ってその毒が全うせらるるに依っても明らかであろう。故に生類の苦楽の報は一に過去の本業の因縁に由ると説くのは大きな誤りである。予が『一切の生類は必ずしも過去の本業に因って、苦楽を受くるのでない』

と説く所以はここにある。

もし過去の業を断滅することに因って、解脱が得らるるとせば一切の聖人は皆解脱が得られないだろう。何となれば一切の生類の過去の本業は始終がないから。これ予がこの聖道を勧める時、『この道はよく無始終の道を遮する』と説く所以である。汝が云うが如く、苦行をなせば道が得らるるならば、一切の畜生こそことごとく道を得ることであろう。修道の要はその心を浄化するにあって、身を苦しむることが何にも解脱の道ではない。故に予は経の中に『林を斫伐せよ、樹を斫伐するなかれ』と説いた。何となれば人は林によって怖れを生ずるので樹によるのでないから。故に身を調伏せんとするものは先ず心を調伏せねばならぬ。心は林に喩え、身は樹に喩えるのであるから。」

「世尊、私はすでに心を調伏しています。」

「どうして先に心を調えたか。」

「世尊、私は先に欲の無常、苦、不浄、無我を思惟し、意識の常楽我浄を観察して、欲界の煩悩を断尽して意識の生活に進んだ。故に先に心を調伏したのです。次に意識の無常、不浄にして観念の常楽我浄を観察して、よく意識界の煩悩を滅して観念の生活を得た。更にその観念を観察して観念の無常、不浄なることを知って始めて一切を否定し、そして寂静清浄の境地、常恒不変の天地を得た。この故に私は心を調伏しているのです。」

「汝の云う観念否定の境は真の無想でない。真の無想こそ予が説く涅槃である。然るを何故に汝は有想の境を涅槃と云うや。汝は心意作用の粗大なものに対してはこれを呵責し否定するも、微細のものに対してはなお愛着して呵責しないではないか。智徳の勝れたる汝の師、鬱頭藍弗《うつずらんほつ》でさえなお観念を否定する非想非々想処を断滅することが出来ずして、厭うべき身を受けているではないか。その余の者においてはなおさらである。」

「世尊、どうすれば、あらゆる存在を否定することが出来ますか。」

「須跋陀羅よ、万有の真実想を観照すれば、必ず一切の差別界の存在を否定することが出来る。真実想とは一切の差別相を否定し尽した処に現わるる想を云うのである。その無想とは自他、因果、大小、生滅、見聞等、概念と云う概念をことごとく否定し尽すことである。この差別相の否定し尽した処を実と云い、実想と云い、法界と云い、最上智と云い、第一義諦と云い、第一義空と云う。この実想を観察するに浅観の者は声聞と縁覚の智慧を、深観の者は聖者の智慧を得る。」

このみ教えを聞いてあまたの聖者は、その修道の進趣の程度に応じて実想を得、法界を得、無上智を得、第一義諦を悟った。また首楞厳三昧を得るもの、虚空三昧を得るもの、金剛三昧を得るものなどもあった。また恒河の砂にもましたあまたの生類は、無限向上の菩提心を発し、あらゆる女性は女身を転じて男子の身を得ることが出来た。須跋陀羅もまた阿羅漢果を成就した。

原田霊道（はらだ・れいどう）

1891（明治24）年大分県生まれ。1939（昭和14）年歿。法名は西蓮社諦誉誠阿真瑞霊道。第五教区宗学校を経て、1917（大正6）年、宗教大学を卒業。同大学図書館理事、講授、講師兼図書館司書、浄土宗社会部長を経て庶務部長となり、1933（昭和8）年、淑徳高等女学校第五代校長に就任。その間、大乗学寮、仏教研究所を設立。著作『現代意訳 華厳経』（復刻版書肆心水刊行）。

現代意訳　大般涅槃経《だいはつねはんぎょう》

刊　行　2016年9月
著　者　原田 霊道
刊行者　清 藤 洋
刊行所　書 肆 心 水

135-0016 東京都江東区東陽 6-2-27-1308
www.shoshi-shinsui.com
電話 03-6677-0101

ISBN978-4-906917-58-7 C0015

維摩経入門釈義 加藤咄堂著 A5上製 三五二頁 本体六九〇〇円+税

死 生 観 史的諸相と武士道の立場 加藤咄堂著 島薗進解説 A5上製 二八八頁 本体三三〇〇円+税

味読精読 菜根譚 前集（処世交際の道） 加藤咄堂著 A5上製 三八四頁 本体三三〇〇円+税

味読精読 菜根譚 後集（閑居田園の楽） 加藤咄堂著 A5上製 二二四頁 本体二二〇〇円+税

味読精読 十七条憲法 加藤咄堂著 A5上製 一六〇頁 本体二三〇〇円+税

清沢満之入門 絶対他力とは何か 暁烏敏・清沢満之著 A5上製 三八四頁 本体六九〇〇円+税

仏教哲学の根本問題 大活字11ポイント版 宇井伯寿著 A5上製 二八八頁 本体五四〇〇円+税

仏教経典史 大活字11ポイント版 宇井伯寿著 A5上製 二八八頁 本体六三〇〇円+税

東洋の論理 空と因明 宇井伯寿著（竜樹・陳那・商羯羅塞縛弥著） A5上製 三二〇頁 本体五九〇〇円+税

仏教思潮論 仏法僧三宝の構造による仏教思想史 宇井伯寿著 A5上製 三五二頁 本体六三〇〇円+税

禅者列伝 僧侶と武士、栄西から西郷隆盛まで 宇井伯寿著 A5上製 二八八頁 本体六三〇〇円+税

華厳哲学小論攷 仏教の根本難問への哲学的アプローチ 土田杏村著 A5上製 一六〇頁 本体二七〇〇円+税

仏 陀 その生涯、教理、教団 H・オルデンベルク著 木村泰賢・景山哲雄訳 A5上製 三八四頁 本体六五〇〇円+税

仏教統一論 第一編大綱論全文 第二編原理論序論 第三編仏陀論序論 村上専精著 A5上製 三五二頁 本体五七〇〇円+税

綜合日本仏教史 橋川正著 A5上製 三八四頁 本体六八〇〇円+税

日本仏教文化史入門 辻善之助著 A5上製 二八八頁 本体六四〇〇円+税

和辻哲郎仏教哲学読本1・2
1 A5上製 三八四頁 本体四七〇〇円+税
2 A5上製 三八四頁 本体五七〇〇円+税

仏教美学の提唱 柳宗悦セレクション A5上製 三二〇頁 本体五二〇〇円+税

柳宗悦宗教思想集成 「一」の探究 柳宗悦著 A5上製 四三二頁 本体七二〇〇円+税

現代意訳 華厳経 原田霊道訳著 品切中（近日復刊）